Jan Brzechwa

Akademia pana Kleksa

Ilustracje Dorota Szoblik

Spis treści

Rozdział I

Ta oraz inne bajki

Nazywam się Adam Niezgódka, mam dwanaście lat i już od pół roku jestem w Akademii pana Kleksa. W domu nic mi się nigdy nie udawało. Zawsze spóźniałem się do szkoły, nigdy nie zdążyłem odrobić lekcji i miałem gliniane ręce. Wszystko upuszczałem na podłogę i tłukłem, a szklanki i spodki na sam mój widok pękały i rozlatywały się w drobne kawałki, zanim jeszcze zdążyłem ich dotknąć. Nie znosiłem krupniku i marchewki, a właśnie codziennie dostawałem na obiad krupnik i marchewkę, bo to pożywne i zdrowe. Kiedy na domiar złego oblałem atramentem parę spodni, obrus i nowy kostium mamy, rodzice postanowili wysłać mnie na naukę i wychowanie do pana Kleksa. Akademia mieści się w samym końcu ulicy Czekoladowej i zajmuje duży trzypiętrowy gmach, zbudowany z kolorowych cegiełek. Na trzecim piętrze przechowywane są tajemnicze i nikomu nieznane sekrety pana Kleksa. Nikt nie ma prawa tam wchodzić, a gdyby nawet komuś zachciało się wejść, nie miałby którędy, bo schody doprowadzone są tylko do drugiego piętra i sam pan Kleks dostaje się do swoich sekretów przez komin. Na parterze mieszczą się sale szkolne, w których odbywają się lekcje, na pierwszym piętrze są sypialnie i wspólna jadalnia, wreszcie na drugim piętrze mieszka pan Kleks z Mateuszem, ale tylko w jednym pokoju, a wszystkie pozostałe są pozamykane na klucz.

Pan Kleks przyjmuje do swojej Akademii tylko tych chłopców, których imiona zaczynają się na literę A, bo – jak powiada – nie ma zamiaru zaśmiecać sobie głowy wszystkimi literami alfabetu. Dlatego w Akademii jest czterech Adamów, pięciu Aleksandrów, trzech Andrzejów, trzech Alfredów, sześciu Antonich, jeden Artur, jeden Albert i jeden Anastazy, czyli ogółem dwudziestu czterech uczniów. Pan Kleks ma na imię Ambroży, a zatem tylko jeden Mateusz w całej Akademii nie zaczyna się na A. Zresztą Mateusz nie jest wcale uczniem. Jest to uczony szpak pana Kleksa. Mateusz umie doskonale mówić, posiada jednak tę właściwość, że wymawia tylko końcówki

wyrazów, nie zwracając zupełnie uwagi na ich początek. Gdy na przykład Mateusz odbiera telefon, odzywa się zazwyczaj:

– Oszę, u emia ana eksa!

Oznacza to:

– Proszę, tu Akademia pana Kleksa.

Oczywiście, że obcy nie mogą go wcale zrozumieć, ale pan Kleks i jego uczniowie porozumiewają się z nim doskonale. Mateusz odrabia z nami lekcje i często zastępuje pana Kleksa w szkole, gdy pan Kleks idzie łapać motyle na drugie śniadanie.

Ach, prawda! Byłbym całkiem zapomniał powiedzieć, że nasza Akademia mieści się w ogromnym parku, pełnym rozmaitych dołów, jarów i wąwozów, i otoczona jest wysokim murem. Nikomu nie wolno wychodzić poza mur bez pana Kleksa. Ale ten mur nie jest to mur byle jaki. Po tej stronie, która biegnie wzdłuż ulicy, jest zupełnie gładki i tylko pośrodku znajduje się duża oszklona brama. Natomiast w trzech pozostałych częściach muru mieszczą się długim, nieprzerwanym szeregiem jedna obok drugiej żelazne furtki, pozamykane na małe srebrne kłódeczki.

Wszystkie te furtki prowadzą do rozmaitych sąsiednich bajek, z którymi pan Kleks jest w bardzo dobrych i zażyłych stosunkach. Na każdej furtce jest tabliczka z napisem wskazującym, do której bajki prowadzą. Są tam wszystkie bajki pana Andersena i braci Grimm, bajka o dziadku do orzechów, o rybaku i rybaczce, o wilku, który udawał żebraka, o sierotce Marysi i krasnoludkach, o Kaczce-Dziwaczce i wiele, wiele innych. Nikt nie wie dokładnie, ile jest tych furtek, bo kiedy je zacząć liczyć, nie można się nie pomylić i po chwili nie wiadomo już, co się naliczyło przedtem. Tam, gdzie powinno być dwanaście, wypada nagle dwadzieścia osiem, a tam, gdzie zdawałoby się, że jest dziewięć, wypada trzydzieści jeden albo sześć. Nawet Mateusz nie wie, ile jest tych bajek, i powiada, że „oże o, a oże eście", co znaczy, że może sto, a może dwieście.

Kluczyki od furtek przechowuje pan Kleks w dużej srebrnej szkatule i zawsze wie, który z nich do której kłódki pasuje. Bardzo często pan Kleks posyła nas do różnych bajek po sprawunki. Wybór przeważnie pada na mnie, bo jestem rudy i od razu rzucam się w oczy. Pewnego więc dnia, gdy panu Kleksowi zabrakło zapałek, zawołał mnie do siebie, dał mi mały złoty kluczyk na złotym kółku i powiedział:

– Mój Adasiu, skoczysz do bajki pana Andersena o dziewczynce z zapałkami, powołasz się na mnie i poprosisz o pudełko zapałek.

Ogromnie uradowany poleciałem do parku i nie wiedząc zupełnie w jaki sposób, trafiłem od razu do właściwej furtki. Za chwilę już znalazłem się po drugiej stronie. Oczom moim ukazała się ulica jakiegoś nieznanego miasta, po której snuło się mnóstwo ludzi. I nawet padał śnieg, chociaż po naszej stronie było w tym czasie lato. Wszyscy przechodnie trzęśli się z zimna, którego ja wcale nie odczuwałem, i nie spadł na mnie ani jeden płatek śniegu. Kiedy tak stałem zdziwiony, zbliżył się do mnie jakiś starszy siwy pan, pogłaskał mnie po głowie i rzekł z uśmiechem:

– Nie poznajesz mnie? Nazywam się Andersen. Dziwi cię, że tutaj pada śnieg i mamy zimę, podczas gdy u was jest czerwiec i dojrzewają czereśnie. Prawda? Ale przecież musisz, chłopcze, zrozumieć, że ty jesteś z zupełnie innej bajki. Po co tutaj przyszedłeś?

– Przyszedłem, proszę pana, po zapałki. Pan Kleks mnie przysłał.

– Ach, to ty jesteś od pana Kleksa! – ucieszył się pan Andersen. – Bardzo lubię tego dziwaka. Zaraz dostaniesz pudełko zapałek.

Po tych słowach pan Andersen klasnął w dłonie i po chwili zza rogu ukazała się mała zziębnięta dziewczynka z zapałkami. Pan Andersen wziął od niej jedno pudełko i podał mi je, mówiąc:

– Masz, zanieś to panu Kleksowi. I przestań płakać. Nie lituj się nad tą dziewczynką. Jest ona biedna i zziębbnięta, ale tylko na niby. Przecież to bajka. Wszystko tu jest zmyślone i nieprawdziwe.

Dziewczynka uśmiechnęła się do mnie, skinęła mi ręką na pożegnanie, a pan Andersen odprowadził mnie z powrotem do furtki.

Kiedy opowiedziałem chłopcom o mojej przygodzie, wszyscy mi bardzo zazdrościli, że poznałem pana Andersena.

Później chodziłem do różnych bajek bardzo często w rozmaitych sprawach: a to trzeba było przynieść parę butów z bajki o kocie w butach, a to znów w sekretach pana Kleksa pojawiły się myszy i trzeba było sprowadzić samego kota albo kiedy nie było czym zamieść podwórka, musiałem pożyczyć miotłę od pewnej czarownicy z bajki o Łysej Górze.

Natomiast było i tak, że pewnego pięknego dnia zjawił się u nas jakiś obcy pan w szerokim aksamitnym kaftanie, w krótkich aksamitnych spodniach, w kapeluszu z piórem i kazał zaprowadzić się do pana Kleksa.

Wszyscy byliśmy ogromnie zaciekawieni, po co ten pan właściwie przyszedł. Pan Kleks długo z nim rozmawiał szeptem, częstował go pigułkami na porost włosów, które sam miał zwyczaj nieustannie łykać, a potem, wskazując na mnie i na jednego z Andrzejów, rzekł:

– Słuchajcie, chłopcy, ten pan, którego tu widzicie, przyszedł z bajki o śpiącej królewnie i siedmiu braciach. Otóż dwaj spośród nich poszli wczoraj do lasu i nie wrócili. Sami rozumiecie, że w tych warunkach bajka o śpiącej królewnie i siedmiu braciach nie może się dokończyć. Dlatego też wypożyczam was temu panu na dwie godziny. Tylko pamiętajcie, macie wrócić na kolację.

– Acja ędzie ed óstą! – zawołał Mateusz, co miało oznaczać, że kolacja będzie przed szóstą.

Poszliśmy razem z owym panem w aksamitnym ubraniu. Dowiedzieliśmy się po drodze, że jest on jednym z braci śpiącej królewny i że my również będziemy musieli ubrać się w taki sam aksamitny strój. Zgodziliśmy się na to chętnie, obaj byliśmy ciekawi widoku śpiącej królewny. Nie będę rozpisywał się tutaj na temat samej bajki, bo każdy ją na pewno zna. Muszę jednak powiedzieć, że za udział w bajce śpiąca królewna po przebudzeniu się zaprosiła mnie i Andrzeja na podwieczorek. Nie wszyscy pewno wiedzą, jakie podwieczorki jadają królewny, a zwłaszcza królewny z bajek. Przede wszystkim więc lokaje wnieśli na tacach ogromne stosy ciastek z kremem, a prócz tego sam krem w dużych srebrnych misach. Każdy z nas dostał tyle ciastek, ile tylko chciał. Do ciastek podano nam czekoladę, każdemu po trzy szklanki naraz, a w każdej szklance po

wierzchu pływała ponadto czekolada w kawałkach. Na stole na dużych półmiskach leżały marcepanowe zwierzątka i lalki oraz marmoladki, cukierki i owoce w cukrze. Wreszcie na kryształowych talerzach i wazach ułożone były winogrona, brzoskwinie, mandarynki, truskawki i rozmaite inne owoce oraz przeróżne gatunki lodów w czekoladowych foremkach.

Królewna uśmiechała się do nas i namawiała, abyśmy jedli jak najwięcej, bo żadna ilość nam nie zaszkodzi. Przecież wiadomo, że w bajkach nigdy nie choruje się z przejedzenia i że jest zupełnie inaczej niż w rzeczywistości. Schowałem do kieszeni kilka foremek z lodami, aby je zanieść kolegom, ale lody się rozpuściły i kapały mi po nogach. Całe szczęście, że nikt tego nie zauważył.

Po podwieczorku królewna kazała zaprząc parę kucyków do małego powozu i towarzyszyła nam aż pod sam mur Akademii pana Kleksa.

– Kłaniajcie się ode mnie panu Kleksowi – powiedziała na pożegnanie i poproście go, żeby przyszedł do mnie na motylki w czekoladzie.

A po chwili dodała:

– Tyle słyszałam o bajkach pana Kleksa. Będę je musiała koniecznie kiedyś odwiedzić.

W ten sposób dowiedziałem się, że pan Kleks ma swoje własne bajki, ale poznałem je dopiero znacznie później.

W każdym razie zacząłem odtąd szanować pana Kleksa jeszcze bardziej i postanowiłem zaprzyjaźnić się z Mateuszem, aby dowiedzieć się od niego o wszystkim.

Mateusz nie jest skory do rozmów, a zdarzają się nawet takie dni, że w ogóle z nikim nie chce gadać.

Pan Kleks na jego upór ma specjalne lekarstwo, a mianowicie – piegi.

Nie pamiętam, czy wspomniałem już o tym, że twarz pana Kleksa po prostu upstrzona jest piegami. Początkowo najbardziej dziwiła mnie okoliczność, że piegi te codziennie zmieniały swoje położenie: jednego dnia zdobiły nos pana Kleksa, nazajutrz znów przenosiły się na czoło po to, aby trzeciego dnia pojawić się na brodzie albo na szyi.

Okazało się, że przyczyną tego jest roztargnienie pana Kleksa, który na noc zazwyczaj piegi zdejmuje i chowa do złotej tabakierki, a rano przytwierdza je z powrotem, ale na niewłaściwych miejscach. Pan Kleks nigdy nie rozstaje się ze swoją tabakierką, w której ma mnóstwo zapasowych piegów rozmaitej wielkości i barwy.

Co czwartek przychodzi z miasta pewien golarz, imieniem Filip, i przynosi panu Kleksowi świeże piegi, które za pomocą brzytwy zbiera z twarzy swoich klientów podczas golenia. Pan Kleks ogląda je bardzo dokładnie, przymierza przed lustrem, po czym chowa starannie do tabakierki.

W niedziele i święta pan Kleks punktualnie o jedenastej mówi:

– No, a teraz zażyjmy sobie piegów.

Po tych słowach wybiera z tabakierki cztery albo pięć największych i najbardziej okazałych piegów i przytwierdza je sobie do nosa.

Zdaniem pana Kleksa nie może być nic piękniejszego niż duże czerwone lub żółte piegi.

– Piegi znakomicie działają na rozum i chronią od kataru – zwykł mawiać do nas pan Kleks.

Dlatego też, jeżeli któryś z uczniów wyróżni się podczas lekcji, pan Kleks uroczyście wyjmuje z tabakierki świeżą, nieużywaną jeszcze piegę i przytwierdza ją do nosa takiego szczęściarza, mówiąc:

– Noś ją godnie, mój chłopcze, i nigdy jej nie zdejmuj, jest to bowiem najwyższa odznaka, jaką możesz sobie zdobyć w mojej Akademii.

Jeden z Aleksandrów zdobył już aż trzy duże piegi, a niektórzy z chłopców dostali po dwie lub po jednej i obnoszą je na swoich twarzach z niezwykłą dumą. Zazdroszczę im i nie wiem, co dałbym za to, żeby otrzymać takie odznaczenie, ale pan Kleks powiada, że jeszcze za mało umiem.

Otóż, wracając do Mateusza, muszę powiedzieć, że przepada on za piegami pana Kleksa, i uważa je za największy przysmak.

Skoro tedy Mateusz zaniemówi, pan Kleks zdejmuje ze swojej twarzy najbardziej zużytą piegę i daje ją Mateuszowi do zjedzenia. Skutek jest natychmiastowy: Mateusz zaczyna mówić i odpowiada na wszystkie pytania. Taki sposób wymyślił na niego pan Kleks!

Któregoś dnia, było to w połowie czerwca, pan Kleks usnął w parku i zupełnie nie zauważył, jak go pogryzły komary. Zaczął się tak zawzięcie drapać w nos, że zdrapał sobie wszystkie piegi. Cichaczem pozbierałem je w trawie i zaniosłem Mateuszowi. Od tej chwili bardzo się ze mną zaprzyjaźnił i opowiedział mi niezwykłą historię swojego życia.

Powtarzam ją tutaj w całości, z tym oczywiście, że do końcówek Mateusza dorobiłem brakujące części wyrazów.

ROZDZIAŁ II

Niezwykła opowieść Mateusza

Nie jestem ptakiem – jestem księciem. W latach mego dzieciństwa nieraz opowiadano mi bajki o ludziach przemienionych w ptaki lub zwierzęta, nigdy jednak nie wierzyłem w prawdziwość tych opowieści.

Tymczasem właśnie moje życie potoczyło się tak, jak to opisuje się w owych bajkach.

Urodziłem się na królewskim dworze jako jedyny syn i następca tronu wielkiego i potężnego władcy. Mieszkałem w pałacu wyłożonym marmurami i złotem, stąpałem po perskich dywanach, każdy mój kaprys był natychmiast zaspokajany przez usłużnych ministrów i dworzan, każda moja łza, gdy płakałem, była liczona, każdy uśmiech wpisywany był do specjalnej księgi uśmiechów książęcych

– a dziś – dziś jestem szpakiem, który czuje się obco zarówno pośród ptaków, jak i pośród ludzi.

Ojciec mój był królem i panował licznym krajom i narodom. Miliony ludzi drżały z trwogi na dźwięk jego imienia. Nieprzebrane skarby i pałace, złote korony i berła, drogocenne kamienie, bogactwa, o jakich nikomu się nie śni – należały do mego ojca.

Matka też była księżniczką i słynęła z urody na wszystkich lądach i morzach. Miałem cztery siostry, z których każda wyszła za mąż za innego króla: jedna była królową hiszpańską, druga włoską, trzecia portugalską, czwarta holenderską.

Okręty królewskie panowały na czterech morzach, a wojsko było tak liczne i tak potężne, że kraj mój nie miał wrogów i wszyscy królowie świata zabiegali o przyjaźń i przychylność mego ojca.

Od najwcześniejszych lat miałem zamiłowanie do polowania i do konnej jazdy. Moja własna stajnia liczyła sto dwadzieścia wierzchowców krwi arabskiej i angielskiej oraz czterdzieści osiem stepowych mustangów.

W zbrojowni mojej zebrane były strzelby myśliwskie, wykonane przez najlepszych rusznikarzy i dostosowane specjalnie do mego wzrostu, do długości mego ramienia i do mego oka.

Gdy ukończyłem siedem lat, ojciec mój, król, powierzył mnie dwunastu najznakomitszym uczonym i rozkazał im, aby nauczyli mnie wszystkiego tego, co sami wiedzą i umieją.

Uczyłem się dobrze, ale mój nieopanowany pociąg do siodła i do strzelby rozpalał mózg i duszę do tego stopnia, że o niczym innym nie umiałem myśleć.

Dlatego ojciec, w obawie o moje zdrowie, zabronił mi jeździć konno.

Płakałem z tego powodu rzewnymi łzami, a łzy te cztery damy zbierały starannie do kryształowego flakonu. Gdy flakon już się napełnił po brzegi, stosownie do zwyczajów mego kraju ogłoszono żałobę narodową na przeciąg trzech dni. Cały dwór przywdział czarne stroje i wszelkie przyjęcia, bale i zabawy zostały odwołane. Na pałacu opuszczono chorągiew do połowy masztu, a całe wojsko na znak smutku odpięło ostrogi.

Z tęsknoty za mymi końmi straciłem apetyt, nie chciałem się uczyć i siedziałem po całych dniach na maleńkim tronie, nie odzywając się do nikogo i nie odpowiadając na pytania.

Zarówno uczeni, jak i moja matka usiłowali nakłonić króla, ażeby cofnął zakaz – jednak na próżno. Ojciec nie miał zwyczaju odwoływania swych postanowień.

Rzekł tylko:

– Moja ojcowska i królewska wola jest niezłomna. Zdrowie następcy tronu stawiam ponad kaprys mego dziecka. Serce mi się kraje na widok jego smutku, stanie się jednak tak, jak to zalecili moi nadworni medycy i chirurdzy. Książę nie dosiędzie więcej konia, dopóki nie ukończy lat czternastu.

Nie mogłem pojąć, czemu nadworni lekarze zabronili mi jeździć konno, skoro było powszechnie wiadomo, że jestem jednym z najlepszych jeźdźców w kraju i że panuję nad koniem tak samo sprawnie, jak mój ojciec nad królestwem.

Po nocach śniły mi się moje bachmaty, moje ukochane wierzchowce i przez sen wymawiałem ich imiona, które pamiętałem tak dobrze.

Pewnej nocy zbudziło mnie nagle ciche rżenie pod oknem. Zerwałem się z łóżka i wyjrzałem do ogrodu. Na ścieżce stał osiodłany mój wspaniały wierzchowiec Ali-Baba, który najwidoczniej dosłyszał moje wołanie, a teraz na mój widok parsknął radośnie i zbliżył się aż pod samo okno. Ubrałem się po ciemku, porwałem strzelbę i zachowując jak największą ciszę, wyskoczyłem przez okno wprost na grzbiet Ali-Baby. Rumak ruszył z kopyta, przesadził kilka ogrodowych parkanów i pobiegł przed siebie, unosząc mnie nie wiadomo dokąd. Pędziliśmy tak przez dłuższy czas w świetle księżyca, gdy zaś okazało się, że nie ma za nami pogoni, ująłem wodze w ręce i skierowałem się do widniejącego opodal lasu.

Upojony tą nocną jazdą, zapomniałem o zakazie ojca, o tym, że coraz bardziej oddalam się od pałacu i że w lesie nie jest bezpiecznie.

Miałem wówczas osiem lat, ale odwagi posiadałem nie mniej niż pięciu królewskich grenadierów razem wziętych.

Gdy wjechałem do lasu, koń zaczął okazywać dziwny niepokój, zwolnił bieg, aż wreszcie stanął jak wryty, drżąc i parskając.

Niebawem zrozumiałem, co zaszło: na ścieżce leśnej na wprost Ali-Baby stał olbrzymi wilk. Szczerzył straszliwe kły i piana kapała mu z pyska.

Ściągnąłem szybko wodze i chwyciłem strzelbę. Wilk z rozwartą paszczą powoli zbliżał się ku mnie.

Krzyknąłem więc:

– W imieniu króla rozkazuję ci, wilku, abyś mi dał wolną drogę, w przeciwnym razie będę musiał cię zabić!

Ale wilk tylko zachichotał ludzkim śmiechem i nacierał na mnie w dalszym ciągu.

Wówczas odwiodłem kurek, wycelowałem i wpakowałem cały zapas nabojów w otwarty pysk wilka.

Strzał był niechybny. Wilk skulił się, wyprężył jakby do skoku, wreszcie padł tuż u kopyt Ali-Baby. Zeskoczyłem z siodła i zbliżyłem się do zabitego zwierza. W chwili jednak gdy stałem nad nim, podziwiając jego wielki wspaniały łeb, wilk ostatnim widocznie wysiłkiem dźwignął się i wbił mi kieł, ostry jak sztylet, w prawe udo. Poczułem przeszywający ból, ale już po chwili szczęki wilka same się rozwarły i łeb opadł z łoskotem na ziemię.

Równocześnie ze wszystkich stron rozległy się groźne, przeciągłe wycia wilków.

Półprzytomny z bólu i przerażenia, dosiadłem Ali-Baby i pocwałowałem w kierunku pałacu. Gdy wkradłem się do ogrodu, była jeszcze noc. Zbliżyłem się do okna i wskoczyłem do pokoju, pozostawiając konia własnemu losowi. Nikt najwidoczniej nie dostrzegł mojej nieobecności, toteż jak najszybciej położyłem się do łóżka i natychmiast usnąłem kamiennym snem. Kiedy się rano zbudziłem, ujrzałem sześciu lekarzy i dwunastu uczonych pochylonych nad moim łóżkiem i z zakłopotaniem kiwających głowami. Z mego odsłoniętego uda małymi kroplami sączyła się krew. Lekarze nie mogli w żaden sposób dociec przyczyny krwotoku, ja zaś w obawie przed ojcem przemilczałem nocną przygodę i spotkanie z wilkiem.

Czas upływał, krew sączyła się z ranki i lekarze nadworni w żaden sposób nie mogli jej zatamować. Sprowadzono najznakomitszych chirurgów stolicy, ale ich wysiłki również spełzły na niczym.

Upływ krwi wzmagał się z godziny na godzinę. Wieść o mojej chorobie rozeszła się po całym kraju, tłumy ludu klęczały na placach i ulicach stolicy, zanosząc modły o moje wyzdrowienie.

Matka, czuwając przy mnie, zalewała się łzami, a ojciec mój i król rozesłał do wszystkich krajów prośbę o skierowanie najlepszych lekarzy i chirurgów.

Niebawem przybyło ich tak wielu, że w pałacu zabrakło dla nich pomieszczeń.

Ojciec za powstrzymanie krwotoku wyznaczył nagrodę, za której cenę można było nabyć całe państwo, cudzoziemscy lekarze domagali się jednak jeszcze więcej.

Długim korowodem przesuwali się obok mego łóżka, oglądali mnie i badali; jedni kazali mi łykać rozmaite krople i pigułki, inni znowu nacierali ranę maściami i posypywali ją proszkami o dziwnych zapachach. Byli też i tacy, którzy modlili się tylko albo wymawiali słowa tajemniczych zaklęć. Żaden z nich jednak nie zdołał mnie uleczyć; gasłem i nikłem w oczach, i krew sączyła się ze mnie nadal.

Gdy wszyscy już stracili nadzieję na moje ocalenie, i lekarze, widząc swoją bezsilność, opuścili pałac, straż dworska doniosła o przybyciu chińskiego uczonego, który stawił się na wezwanie mego ojca.

Niechętnie sprowadzono go do mego łóżka, nikt już bowiem nie wierzył, aby mógł istnieć jeszcze jakikolwiek ratunek dla mnie, i cały kraj był pogrążony w żałobie. Przybysz ów był nadwornym lekarzem ostatniego cesarza chińskiego i przedstawił się jako doktor Paj-Chi-Wo.

Ojciec mój powitał go z rozpaczą w głosie:

– Doktorze Paj-Chi-Wo, ratuj mego syna! Jeśli uda ci się go ocalić, otrzymasz ode mnie tyle brylantów, rubinów i szmaragdów, ile ich pomieści się w tym pokoju. Pomnik twój stanie na pałacowym dziedzińcu, a jeśli zechcesz, uczynię cię pierwszym ministrem mego królestwa.

– Najjaśniejszy panie i sprawiedliwy władco – odrzekł doktor Paj-Chi-Wo, pochylając się do ziemi – zachowaj klejnoty swoje dla ubogich tego kraju, niegodzien jestem również pomnika, albowiem w mojej ojczyźnie pomniki stawia się tylko poetom. Nie chcę być ministrem, gdyż mógłbym popaść w twoją niełaskę. Pozwól mi wpierw zbadać chorego, a o nagrodzie pomówimy później.

Po tych słowach zbliżył się do mnie, obejrzał ranę, przyłożył do niej usta i począł wsączać we mnie swój oddech.

Niezwłocznie poczułem ożywczy przypływ sił i doznałem wrażenia, że krew odmieniła się we mnie i szybciej poczęła krążyć.

Gdy po pewnym czasie doktor Paj-Chi-Wo oderwał usta od mego ciała, rana znikła bez śladu.

– Książę jest zdrów i może opuścić łóżko – rzekł Chińczyk, wstając i składając mi wschodnim zwyczajem głęboki ukłon.

Rodzice moi płakali z radości i w gorących słowach dziękowali memu zbawcy.

– Jeśli nie jest to sprzeczne z etykietą tego dworu – przemówił wreszcie doktor Paj-Chi-Wo – chciałbym przez chwilę zostać sam na sam z moim dostojnym pacjentem.

Król wyraził na to zgodę i wszyscy opuścili moją sypialnię. Wówczas chiński lekarz usiadł obok mego łóżka i rzekł:

– Wyleczyłem cię, mój mały książę, albowiem znam tajemnice niedostępne dla ludzi białych. Wiem, w jaki sposób powstała twoja rana. Zastrzeliłeś króla wilków, a wiedz

o tym, że wilki mszczą się okrutnie i nie przebaczą ci tego nigdy. Jest to pierwszy król wilków, który padł z ręki człowieka. Odtąd grozić ci będzie wielkie niebezpieczeństwo. Dlatego daję ci cudowną czapkę bogdychanów, którą mi powierzył przed śmiercią ostatni cesarz chiński, z tym że dostanie się ona tylko w królewskie ręce.

Mówiąc to, wyjął z kieszeni swych jedwabnych spodni maleńką okrągłą czapeczkę z czarnego sukna, ozdobioną na czubku dużym guzikiem, po czym ciągnął dalej:

– Weź ją, mój mały książę, nie rozstawaj się z nią nigdy i strzeż jej jak oka w głowie. Gdy życiu twemu będzie zagrażało niebezpieczeństwo, włożysz cudowną czapkę bogdychanów, a wówczas będziesz mógł się przemienić, w jaką zechcesz istotę. Gdy niebezpieczeństwo minie, pociągniesz tylko za guzik i znowu odzyskasz swoje książęce kształty.

Podziękowałem doktorowi Paj-Chi-Wo za jego niezwykłą dobroć, on zaś ucałował mą dłoń i opuścił pokój. Nikt nie widział, którędy następnie wydalił się z pałacu. Zniknął bez śladu, nie żegnając się z nikim i nie żądając zapłaty za moje uzdrowienie.

Niemniej jednak ojciec mój przez wdzięczność dla doktora Paj-Chi-Wo kazał wyprawić wielkie uczty dla wszystkich ubogich w całym kraju i rozdać im dwanaście worków brylantów, rubinów i szmaragdów.

Gdy wyzdrowiałem, znowu wziąłem się do nauki, a równocześnie straciłem zupełnie pociąg do konnej jazdy i do polowania.

Myśl o tym, że zabiłem króla wilków, niepokoiła mnie nieustannie. Lata biegły, a jego rozwarta czerwona paszcza i świecące ślepia nie wychodziły mi z pamięci.

Pamiętałem też zawsze ostrzeżenie doktora Paj-Chi-Wo i nigdy nie rozstawałem się z ofiarowaną mi przezeń czapką.

Tymczasem w królestwie zaczęły się dziać rzeczy niepojęte. Ze wszystkich stron kraju donoszono, że olbrzymie stada wilków napadają na wsie i miasteczka, ogołacają je z żywności i porywają ludzi.

W południowych dzielnicach wszystkie zasiewy zostały stratowane przez setki tysięcy ciągnących na północ wilków.

Kości pożartych ludzi i bydła bielały na drogach i gościńcach.

Rozzuchwalone bestie w biały dzień osaczały mniejsze osiedla, pustosząc je w ciągu kilkunastu minut.

Rozsypywano po lasach truciznę, zastawiano pułapki i kopano wilcze doły, tępiono tę straszną nawałę stalą i żelazem, mimo to napady wilków nie ustawały. Opuszczone domostwa służyły im za leża i barłogi; po nocach pełnych niepokoju matki nie odnajdywały swych dzieci, mężowie żon. Ryk i skowyt mordowanego bydła nie ustawał ani na chwilę.

Do ochrony przed klęską wysłano liczne oddziały dobrze uzbrojonego wojska, tępiono wilki w dzień i w nocy, one jednak mnożyły się z taką szybkością, że poczęły zagrażać całemu państwu.

Stopniowo zaczął szerzyć się głód. Lud oskarżał ministrów i dwór o niedołęstwo i złą wolę. Fala niezadowolenia i rozpaczy rosła i potężniała. Wilki wdzierały się do mieszkań i wywlekały z nich umierających z głodu ludzi.

Król raz po raz zmieniał ministrów, ale nikt nie mógł zaradzić nieszczęściu.

Wreszcie pewnego dnia wilki zagroziły stolicy. Nie było takiej siły, która mogłaby powstrzymać ich przerażający pochód. Pewnego listopadowego ranka wilki wtargnęły do pałacu. Miałem wówczas lat czternaście, ale byłem silny i odważny. Chwyciłem najlepszą strzelbę, naładowałem ją i stanąłem u wejścia do sali tronowej, gdzie zasiadali moi rodzice.

– Precz stąd! – zawołałem z wściekłością w głosie.

Już miałem wystrzelić, gdy jeden z halabardników, stojących dotąd nieruchomo u wrót sali tronowej, chwycił mnie nagle za rękę i zbliżając swoją twarz do mojej, ryknął:

– W imieniu króla wilków rozkazuję ci, psie, abyś mi dał wolną drogę, w przeciwnym razie będę musiał cię zabić!

Ogarnęło mnie przerażenie. Strzelba wypadła z rąk, poczułem okropną słabość, oczy zaszły mi mgłą – ujrzałem przed sobą rozwartą czerwoną paszczę króla wilków.

Co działo się potem – nie wiem. Gdy odzyskałem przytomność, rodzice moi już nie żyli, wilki grasowały w pałacu, a ja leżałem na posadzce przywalony odłamkami krzeseł i wszelkiego rodzaju sprzętów. Głowę miałem potłuczoną. Wzywałem pomocy, ale z ust moich wydobywały się tylko końcówki wyrazów. Pozostało mi to już zresztą na zawsze.

Rozważając rozpaczliwe moje położenie, zrozumiałem, że ocalałem jedynie dzięki temu, iż zostałem przywalony połamanymi sprzętami.

„Co tu począć? – myślałem. – Jak wydostać się z tego piekła? O Boże, Boże! Gdyby można było być ptakiem i ulecieć stąd dokądkolwiek!"

I nagle przypomniała mi się cudowna czapka doktora Paj-Chi-Wo. Czy mam ją przy sobie? Sięgnąłem do kieszeni. Jest! Już miałem ją włożyć na głowę, gdy naraz spostrzegłem, że nie było na niej guzika. A więc mogę, jeśli zechcę, stać się ptakiem, wydostać się z pałacu, uciec z tego niewdzięcznego kraju, a potem – potem zostać ptakiem już na zawsze, bez nadziei odzyskania kiedykolwiek własnej postaci!

Wtem usłyszałem nad sobą sapanie. Poprzez odłamki sprzętów ujrzałem rozwartą paszczę wilka.

Nie miałem czasu do namysłu. Włożyłem czapkę na głowę i rzekłem:

– Chcę być ptakiem!

W tej samej chwili zacząłem się kurczyć, ramiona przeobraziły mi się w skrzydła. Stałem się szpakiem, takim właśnie, jakim jestem dzisiaj.

Z łatwością wydostałem się spod rumowisk, wskoczyłem na poręcz jakiegoś mebla i wyfrunąłem przez okno. Byłem wolny!

Długo unosiłem się nad moją ojczyzną, ale zewsząd dolatywały tylko dzikie wrzaski ginącego ludu i wycie zgłodniałych wilków. Wsie i miasta opustoszały. Królestwo mojego ojca rozpadło się i zamieniło w gruzy, pośród których szalały głód i rozpacz.

Zemsta króla wilków była straszna.

Szybując ponad ziemią, opłakiwałem śmierć rodziców i klęskę, która dotknęła mój kraj, a gdy oderwałem wreszcie myśl od tych smutnych obrazów, jąłem zastanawiać się nad utraconym guzikiem od czapki bogdychanów.

Od chwili gdy czapkę tę otrzymałem z rąk doktora Paj-Chi-Wo, upłynęło sześć lat. Przez ten czas wiele podróżowałem po różnych krajach i miastach. Gdzie zatem i kiedy zgubiłem ów cenny guzik, bez którego już nigdy nie będę mógł stać się człowiekiem?

Wiedziałem, że nikt nie może dać mi odpowiedzi na to pytanie.

Poleciałem kolejno do moich sióstr, ale żadna z nich nie zdołała zrozumieć mojej mowy i wszystkie traktowały mnie jak zwykłego szpaka. Najstarsza z nich, królowa hiszpańska, zamknęła mnie do klatki i podarowała infantce na imieniny. Gdy po kilku tygodniach znudziłem się kapryśnej królewnie, oddała mnie swojej służebnej, ta zaś sprzedała mnie wraz z klatką wędrownemu handlarzowi za kilka pesetów.

Odtąd przechodziłem z rąk do rąk, aż wreszcie na targu w Salamance nabył mnie pewien cudzoziemski uczony, którego zaciekawiła moja mowa.

Nazywał się Ambroży Kleks.

ROZDZIAŁ III

Osobliwości pana Kleksa

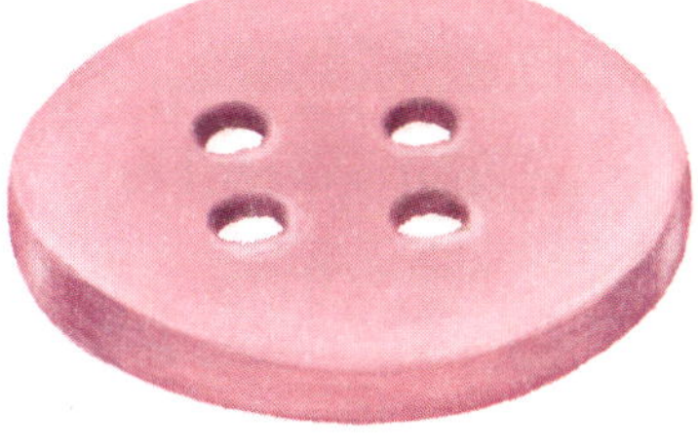

Opowiadanie Mateusza wzruszyło mnie ogromnie. Postanowiłem uczynić wszystko, co będzie w mojej mocy, aby odnaleźć zgubiony guzik i przywrócić Mateuszowi jego prawdziwą postać.

Od tej chwili starannie począłem zbierać wszelkie guziki, jakie udawało mi się znaleźć, a nadto, będąc poza Akademią pana Kleksa – czy to w tramwaju, czy na ulicy, czy też wreszcie na terenach sąsiednich bajek – niepostrzeżenie obcinałem scyzorykiem guziki od palt, żakietów i marynarek napotykanych pań i panów. Miałem z tego powodu mnóstwo przykrości.

Któregoś dnia pewien listonosz wrzucił mnie za karę do basenu z rakami, kiedy indziej znów jakiś garbus wytarzał mnie w pokrzywach, a pewna starsza pani, której urwałem guzik od płaszcza, obiła mnie parasolką.

Mimo to jednak moje poszukiwania guzików trwają nadal i śmiało mogę powiedzieć, że w całej okolicy nie ma takiego gatunku i rodzaju, którego nie posiadałbym w swojej kolekcji.

Ogółem bowiem zgromadziłem siedemdziesiąt osiem tuzinów guzików, z których każdy jest inny. Niestety, w żadnym z nich Mateusz nie rozpoznał guzika od swej czapki.

Poprzysiągłem więc sobie, że będę w dalszym ciągu prowadził poszukiwania, gdzie się tylko da, dopóki nie odnajdę owego czarodziejskiego guzika doktora Paj-Chi-Wo.

Jednej tylko rzeczy nie mogę zrozumieć: dlaczego pan Kleks nie zajął się dotychczas tą sprawą. Przecież gdyby tylko chciał, mógłby z łatwością odnaleźć zaklęty guzik i uwolnić nieszczęśliwego księcia. Ach, bo pan Kleks potrafi wszystko! Nie ma takiej rzeczy, której by nie potrafił.

Może zawsze z całą dokładnością określić, co kto o której godzinie myślał, może usiąść na krześle, które powinno być, ale którego wcale nie ma, może unosić się w powietrzu, jak gdyby był balonem, może z małych przedmiotów robić duże i odwrotnie, umie z kolorowych szkiełek przyrządzić rozmaite potrawy, potrafi płomyk świecy zdjąć i przechować go w kieszonce od kamizelki przez kilka dni.

Krótko mówiąc – potrafi wszystko.

Gdy tak sobie rozmyślałem o tych sprawach podczas lekcji, pan Kleks, który zauważył te moje myśli, pogroził mi palcem i rzekł:

– Słuchajcie, chłopcy! Niektórym z was wydaje się, że jestem jakimś czarownikiem lub sztukmistrzem. Takiemu, co tak myśli, powiedzcie, że jest głupi. Lubię robić wynalazki i znam się trochę na bajkach. To wszystko. Jeśli macie zamiar przypisywać mi jakieś niezwykłe rzeczy, to mnie to wcale nie obchodzi. Możecie sobie roić, co tylko wam się podoba. Nie wtrącam się do cudzych spraw. Są tacy, co wierzą, że człowiek może przedzierzgnąć się w ptaka. Prawda, Mateuszu?

– Awda, awda! – zawołał Mateusz z tylnej kieszeni surduta pana Kleksa.

– A moim zdaniem – ciągnął dalej pan Kleks – są to zmyślone historyjki, w które ja wierzyć nie mam zamiaru.

– No, a bajki, panie profesorze, też są zmyślone? – zapytał niespodziewanie Anastazy.

– Z bajkami bywa rozmaicie – rzekł pan Kleks. – Są tacy, którzy na przykład uważają, że ja też jestem zmyślony i że moja Akademia jest zmyślona, ale mnie się zdaje, że to nieprawda.

Wszyscy uczniowie bardzo szanują i kochają pana Kleksa, gdyż nigdy się nie gniewa i jest nadzwyczajnie dobry.

Pewnego dnia, kiedy spotkał mnie w parku, uśmiechnął się i rzekł do mnie:

– Bardzo ci ładnie w tych rudych włosach, mój chłopcze!

A po chwili, patrząc na mnie badawczo, dodał:

– Pomyślałeś sobie teraz, że mam pewno ze sto lat, prawda? A tymczasem jestem o dwadzieścia lat młodszy od ciebie.

Istotnie, tak sobie właśnie pomyślałem, dlatego też zrobiło mi się przykro, że pan Kleks te myśli zauważył. Długo jednak zastanawiałem się nad tym, w jaki sposób pan Kleks może być o tyle lat ode mnie młodszy.

Otóż Mateusz opowiedział mi, że na drugim piętrze, gdzie mieszka z panem Kleksem, stoją na parapecie okna dwa łóżeczka nie większe niż pudełka od cygar i że na nich właśnie sypiają pan Kleks i Mateusz. Nie dziwię się, że w takim łóżeczku może zmieścić się szpak, ale pan Kleks?... Nie mogłem tego pojąć. Być może, że Mateuszowi wszystko tak się tylko wydaje albo że po prostu zmyśla, w każdym razie opowiedział mi, że co dzień o północy pan Kleks zaczyna się zmniejszać, aż wreszcie staje się mały jak niemowlę, traci włosy, wąsy i brodę, i kładzie się jak gdyby nigdy nic do maleńkiego łóżeczka w sąsiedztwie Mateusza.

O świcie pan Kleks wstaje, wkłada sobie do ucha pompkę powiększającą i po chwili doprowadza się do stanu normalnej wielkości. Następnie łyka kilka pigułek na porost włosów i w ten sposób po upływie dziesięciu minut odzyskuje swoją zwykłą postać.

Powiększająca pompka pana Kleksa w ogóle zasługuje na uwagę. Z wyglądu przypomina zwykłą oliwiarkę, używaną do oliwienia maszyny do szycia. Gdy pan Kleks przykłada pompkę do jakiegokolwiek przedmiotu i naciska jej denko, przedmiot ów zaczyna natychmiast rosnąć i powiększać się. Dzięki temu pan Kleks może w jednej chwili z niemowlęcia przeobrazić się w dorosłego człowieka, dzięki temu również na obiad dla całej Akademii wystarcza kawałek mięsa wielkości dłoni, gdyż po upieczeniu pan Kleks powiększa go za pomocą swej pompki do rozmiarów dużej pieczeni. Szczególna właściwość powiększającej pompki polega jeszcze na tym, że powiększa ona przedmioty tylko wtedy, gdy tego naprawdę potrzeba, z chwilą gdy potrzeba taka ustaje, ustaje również niezwłocznie działanie pompki i powiększony przedmiot wraca do swego normalnego stanu. Dlatego właśnie pan Kleks o północy zaczyna się zmniejszać, z tych samych powodów również wnet po zjedzeniu pieczeni pana Kleksa jesteśmy wszyscy bardzo głodni, tak jak gdybyśmy wcale nie jedli obiadu, i musimy dojadać potrawami z kolorowych szkiełek.

Ponieważ desery nie stanowią koniecznej potrzeby, powiększająca pompka nie ma na nie żadnego wpływu i trzeba je zawsze przyrządzać w normalnej ilości. Bardzo nas to wszystko martwi, ale pan Kleks obiecał, że do powiększania deserów wymyśli jakiś specjalny przyrząd.

Na pierwsze śniadanie pan Kleks zjada zazwyczaj kilka kulek z kolorowego szkła i popija je zielonym płynem. Jest to płyn, który – według słów Mateusza – przywraca w pamięci pana Keksa to, co działo się przedtem, bo podczas snu pan Kleks wszystko, ale to wszystko zapomina. Gdy pewnego ranka zabrakło zielonego płynu, pan Kleks nie mógł sobie przypomnieć, kim jest ani jak się nazywa, nie poznał własnej Akademii ani swoich uczniów i nawet Mateusza nazwał Azorkiem, gdyż zapomniał, że Mateusz nie jest psem, tylko szpakiem.

Chodził wówczas po Akademii jak nieprzytomny i wołał:

– Panie Andersen! Zgubiłem wczorajszy dzień! Jasiu! Małgosiu! Kud-ku-dak! Jestem kurą! Zaraz zniosę jajko! Zwróćcie mi moje piegi!

Gdyby nie to, że Mateusz przeleciał ponad murem i pożyczył od trzech wesołych krasnoludków flaszkę zielonego płynu, pan Kleks na pewno byłby stracił rozum i już dzisiaj nie istniałaby jego słynna Akademia.

Po pierwszym śniadaniu pan Kleks przytwierdza do twarzy swoje piegi i zaczyna się ubierać. Warto tutaj opisać strój pana Kleksa i jego wygląd.

Pan Kleks jest średniego wzrostu, ale nie wiadomo zupełnie, czy jest gruby, czy chudy, albowiem cały tonie po prostu w swoim ubraniu. Nosi szerokie spodnie, które chwilami, zwłaszcza podczas wiatru, przypominają balon; niezwykle obszerny, długi surdut koloru czekoladowego lub bordo; aksamitną cytrynową kamizelkę, zapinaną na szklane guziki wielkości śliwek; sztywny, bardzo wysoki kołnierzyk oraz aksamitną kokardkę zamiast krawata. Szczególną osobliwość stroju pana Kleksa stanowią kieszenie, których ma niezliczoną po prostu ilość. W spodniach jego zdołałem naliczyć szesnaście kieszeni, w kamizelce zaś dwadzieścia cztery. W surducie natomiast jest tylko jedna kieszeń, i to w dodatku z tyłu. Przeznaczona jest ona dla Mateusza, który ma prawo przebywać w niej, kiedy mu się tylko spodoba.

Dlatego też, gdy pan Kleks przychodzi rano do pracy i ma już usiąść w fotelu, z tylnej kieszeni jego surduta rozlega się nagle głos:

– Aga, ak!

Co znaczy:

– Uwaga, szpak!

Wówczas pan Kleks rozsuwa poły surduta i siada ostrożnie, ażeby nie przygnieść Mateusza.

Zresztą nie zawsze ostrożność ta jest potrzebna, gdyż zdarza się nieraz, że wchodząc rano do klasy, pan Kleks mówi:

– Adasiu, zabierz ten fotel.

Gdy zaś fotel jest zabrany, pan Kleks siada sobie wygodnie w powietrzu, akurat w tym miejscu, gdzie przypadało siedzenie fotela.

W kieszeniach kamizelki pana Kleksa mieszczą się rozmaite przedmioty, które budzą podziw i zazdrość wszystkich uczniów Akademii. Jest tam flaszka z zielonym płynem, tabakierka z zapasowymi piegami, powiększająca pompka, senny kwas, o którym jeszcze opowiem, kolorowe szkiełka, kilka płomyków świec, pigułki na porost włosów, złote kluczyki oraz rozmaite inne osobliwości pana Kleksa.

Kieszenie spodni są, moim zdaniem, bez dna. Pan Kleks może schować w nich, co tylko zechce, i nigdy nie znać, że cokolwiek w nich się znajduje. Mateusz opowiadał mi, że przed pójściem spać pan Kleks opróżnia wszystkie kieszenie spodni i układa ich zawartość w sąsiednim pokoju, przy czym nieraz zdarza się tak, że w jednym pokoju miejsca nie wystarcza i trzeba otworzyć dodatkowo drugi, a niekiedy nawet trzeci pokój.

Głowa pana Kleksa nie przypomina żadnej spośród głów, które się kiedykolwiek w życiu widziało. Pokryta jest ogromną czupryną, mieniącą się wszystkimi barwami tęczy, i okolona bujną zwichrzoną brodą, czarną jak smoła.

Nos zajmuje większą część twarzy pana Kleksa, jest bardzo ruchliwy i przekrzywiony w prawo albo w lewo, w zależności od pory roku. Na nosie tkwią srebrne binokle, bardzo przypominające mały rower, pod nosem zaś rosną długie sztywne wąsy koloru pomarańczy. Oczy pana Kleksa są jak dwa świderki i gdyby nie binokle, które je osłaniają, na pewno przekłuwałby nimi na wylot.

Pan Kleks widzi absolutnie wszystko, a kiedy chce zobaczyć to, czego nie widzi, też ma na to sposób.

Otóż w jednej z piwnic przechowywane są stale różnokolorowe baloniki z przyczepionymi do nich małymi koszyczkami. Dopiero przed paru tygodniami dowiedziałem się, do czego służą one panu Kleksowi.

Było to tak: w chwili gdy wstawaliśmy od obiadu, przybiegł z miasta Filip i opowiedział, że przy zbiegu ulic Rezedowej i Śmiesznej zepsuł się tramwaj, całkowicie zatarasował drogę i nikt go nie potrafi naprawić. Pan Kleks kazał przynieść sobie natychmiast jeden balonik, do koszyczka przytwierdzonego pod nim włożył prawe swoje oko, nastawił odpowiednio blaszany ster i po chwili balonik poleciał w kierunku miasta.

– Przygotujcie się, chłopcy, do drogi – rzekł do nas pan Kleks. – Za chwilę już będę widział, co stało się tramwajowi, i pójdziemy go ratować.

W istocie, po pięciu minutach balonik wrócił i spadł prosto pod nogi pana Kleksa. Pan Kleks wyjął z koszyka oko, włożył je na swoje miejsce i powiedział z uśmiechem:

– Teraz wszystko już widzę: tramwajowi zabrakło smaru w lewym tylnym kole, a ponadto do przedniej osi dostał się piasek. Niezależnie od tego na dachu przetarły się druty, a motorniczemu spuchła wątroba. Ruszamy! Anastazy, otwieraj bramę! Żwawo! Maszerujemy!

Czwórkami wyszliśmy na ulicę, a pan Kleks podążał za nami. Po chwili zdjął z nosa binokle, przytknął do nich powiększającą pompkę i binokle zaczęły rosnąć. Gdy stały się już tak duże jak rower, pan Kleks wsiadł na nie i pojechał naprzód, wskazując nam drogę.

W ten sposób dotarliśmy niebawem do ulicy Śmiesznej. W poprzek ulicy istotnie stał pusty tramwaj, całkowicie tamując ruch. Kilku tramwajarzy i mechaników, sapiąc i ocierając pot, krzątało się dookoła zepsutego wozu.

Na widok pana Kleksa wszyscy się rozstąpili. Pan Kleks kazał nam otoczyć tramwaj i wziąć się za ręce, ażeby nikt nie miał do niego dostępu, po czym zbliżył się do motorniczego, który wił się w bólach, i dał mu połknąć małe niebieskie szkiełko. Następnie zajął się zepsutym tramwajem. Wyjął więc ze swych bezdennych kieszeni małą słuchawkę, młoteczek, angielski plasterek, słoiczek z żółtą maścią i flaszkę z jodyną. Opukał tramwaj ze wszystkich stron i boków, osłuchał go dokładnie, po czym wysmarował żółtą maścią motor i korbę. Osie pokropił jodyną, a w końcu wdrapał się na dach tramwaju i pozalepiał angielskim plasterkiem przetarte części drutu.

Wszystkie te zabiegi trwały nie więcej niż dziesięć minut.

– Gotowe – rzekł pan Kleks – można jechać!

Po tych słowach motorniczy, wyleczony przez pana Kleksa, z wesołym uśmiechem wskoczył na pomost, zakręcił korbą i tramwaj potoczył się lekko po szynach, jak gdyby tylko co wyszedł z fabryki. Po naprawieniu tramwaju wróciliśmy do domu, śpiewając po drodze marsz Akademii pana Kleksa.

W kilka dni później widziałem jeszcze raz, jak pan Kleks, mówiąc jego słowami, wysłał oko na oględziny.

Leżeliśmy wówczas wszyscy razem w parku nad stawem i zapisywaliśmy w zeszytach kumkanie żab. Pan Kleks nauczył nas odróżniać w tym kumkaniu poszczególne sylaby i okazało się, że można z nich zestawić bardzo ładne wierszyki.

Ja sam na przykład zdołałem zanotować wierszyk następujący:

Księżyc raz odwiedził staw,
Bo miał dużo ważnych spraw.
Zobaczyły go szczupaki:
„Kto to taki? Kto to taki?”.
Księżyc na to odrzekł szybko:
„Jestem sobie złotą rybką!”.
Słysząc taką pogawędkę,
Rybak złowił go na wędkę,
Dusił całą noc w śmietanie
I zjadł rano na śniadanie.

Gdyśmy siedzieli nad stawem, pan Kleks przeglądał się w wodzie i w pewnej chwili tak się nieszczęśliwie przechylił, że z kamizelki wypadła mu powiększająca pompka. Widzieliśmy wszyscy, jak zanurzyła się w wodzie, i zanim pan Kleks zdążył ją złapać, poszła na dno.

Nie namyślając się długo, skoczyłem do stawu, a za mną kilku innych chłopców, jednak wszystkie nasze poszukiwania nie zdały się na nic. Po prostu znikła bez śladu. Wówczas pan Kleks wyjął prawe oko i wrzucił je do wody, mówiąc:

– Wysyłam oko na oględziny. Dowiemy się zaraz, gdzie leży pompka.

Gdy po chwili oko wypłynęło na powierzchnię i pan Kleks włożył je z powrotem na miejsce, zawołał:

– Widzę! Leży w jamie zamieszkanej przez raki, cztery metry od brzegu.

Natychmiast dałem nurka pod wodę i rzeczywiście znalazłem pompkę ściśle tam, gdzie mi wskazał pan Kleks.

Przed tygodniem pan Kleks zgotował nam niespodziankę nie lada. Kazał przynieść sobie z piwnicy niebieski balonik, włożył prawe oko do koszyczka i rzekł:

– Wysyłam je na księżyc. Muszę dowiedzieć się, kto mieszka na księżycu, bo chcę napisać dla was bajkę o księżycowych ludziach.

Balonik niebawem uniósł się w górę, ale dotąd jeszcze nie wrócił. Pan Kleks jednak powiada, że księżyc jest bardzo wysoko i że balonik na pewno wróci przed Bożym Narodzeniem. Tymczasem pan Kleks patrzy jednym okiem, drugie zaś zalepił sobie angielskim plasterkiem.

Wracając do codziennych zwyczajów pana Kleksa, chciałbym jeszcze wspomnieć tutaj, że rano, gdy tylko pan Kleks się ubierze, schodzi na dół na lekcje. Właściwie nie można powiedzieć, że pan Kleks schodzi, gdyż zjeżdża po poręczy, siedząc na niej jak na koniu i przytrzymując sobie oburącz binokle na nosie. Nie byłoby w tym zresztą nic szczególnego, gdyby nie to, że pan Kleks równie łatwo wjeżdża po poręczy na górę. W tym celu nabiera pełne usta powietrza, wydyma policzki i staje się lekki jak piórko. W ten sposób pan Kleks nie tylko wjeżdża po poręczy, ale może również unosić się swobodnie w górę, gdzie i kiedy zechce, a zwłaszcza wtedy, gdy udaje się na połów motyli. Motyle stanowią nieodzowną część pożywienia pana Kleksa, a na drugie śniadanie nie jada nic innego.

– Zapamiętajcie sobie, moi chłopcy – oświadczył nam kiedyś pan Kleks – że smak mieści się nie tylko w samym pożywieniu, lecz również w jego barwie. Na pożywieniu mi nie zależy, gdyż dostatecznie nasycam się pigułkami na porost włosów, ale podniebienie mam bardzo wybredne

i lubię różne smaczne rzeczy. Dlatego też jadam tylko to, co jest kolorowe, a więc motyle, kwiaty, różne kolorowe szkiełka oraz potrawy, które sam sobie pomaluję na jakiś smaczny kolor.

Zauważyłem jednak, że jedząc motyle, pan Kleks wypluwa pestki takie same, jakie są w czereśniach lub wiśniach.

Zgadując moje myśli, pan Kleks mi wyjaśnił, że jada tylko specjalny gatunek motyli, które mają wewnątrz pestki i które można sadzić na grządkach jak fasolę.

Wszyscy uczniowie pana Kleksa myślą, że to bardzo łatwo unosić się w powietrzu tak jak on. Nadymają się więc z całych sił, wydymają policzki, naśladując ruchy pana Kleksa, ale mimo to nic im się nie udaje. Arturowi z wysiłku krew poszła z nosa, a jeden z Antonich o mało nie pękł.

Na równi z mymi kolegami przeprowadzałem te same próby, ale upływał dzień za dniem i chociaż pan Kleks udzielał nam pewnych wskazówek, wysiłki moje pozostały bez rezultatu.

Aż naraz w niedzielę po południu wciągnąłem w siebie powietrze tak jakoś dziwnie, że poczułem wewnątrz niezwykłą lekkość, a gdy nadto jeszcze wydąłem policzki, ziemia poczęła mi się usuwać spod nóg i uniosłem się w górę.

Oszołomiony z wrażenia, leciałem coraz wyżej i wyżej, aż spotkała mnie owa niezapomniana przygoda, która wprawiła w zdumienie nawet samego pana Kleksa.

Rozdział IV

Nauka w Akademii

Co rano punktualnie o piątej Mateusz otwiera tak zwane śluzy. Są to niewielkie otwory w suficie, poumieszczane akurat nad łóżkami chłopców. Otworów takich jest tyle, ile łóżek, czyli ogółem dwadzieścia cztery. Gdy je Mateusz otwiera, zaczyna przez nie sączyć się zimna woda, która kapie prosto na nasze nosy.

W ten sposób Mateusz budzi uczniów pana Kleksa. Równocześnie rozlega się donośny głos Mateusza:

– Udka, awać!

Co znaczy:

– Pobudka, wstawać!

Na to wezwanie zrywamy się wszyscy z łóżek i ubieramy się jak najprędzej, gdyż umieramy po prostu z ciekawości, czego nas tym razem będzie uczył pan Kleks.

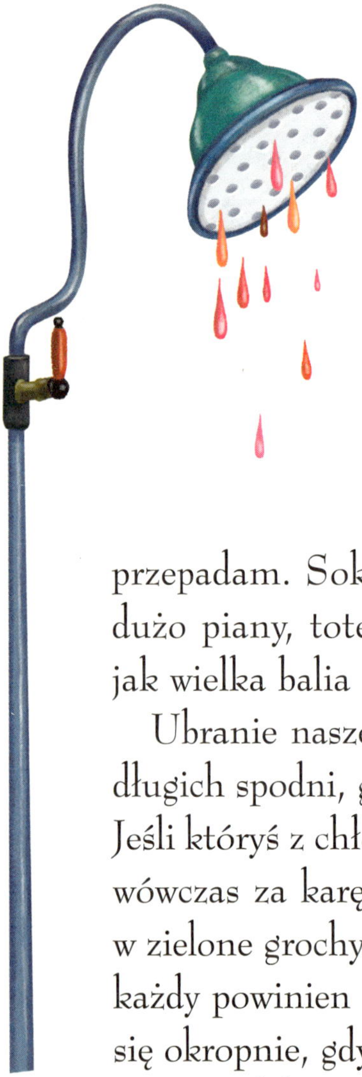

Sypialnia nasza jest bardzo obszerna. Wzdłuż ścian biegną umywalnie i każdy z nas ma swój własny prysznic. Myjemy się bardzo chętnie, gdyż z pryszniców tryska woda sodowa z sokiem, przy czym na każdy dzień tygodnia przypada inny sok. Jeśli chodzi o mnie, to najstaranniej myję się w środy, gdyż tego dnia do wody dodawany jest sok malinowy, za którym przepadam. Soki pana Kleksa doskonale się mydlą i dają dużo piany, toteż sypialnia nasza zawsze z rana wygląda jak wielka balia z mydlinami.

Ubranie nasze składa się z granatowych koszul, białych długich spodni, granatowych pończoch i białych trzewików. Jeśli któryś z chłopców coś przeskrobie albo nie umie lekcji, wówczas za karę musi nosić przez cały dzień żółty krawat w zielone grochy. Krawat taki jest bardzo piękny i właściwie każdy powinien by go chętnie nosić, my jednak martwimy się okropnie, gdy spotka którego z nas taka kara.

O wpół do szóstej zabieramy nasze senne lusterka i udajemy się do jadalni na śniadanie.

Stoi tam pośrodku duży okrągły stół, przy którym każdy uczeń ma swoje stałe miejsce. Szyby w oknach są różnokolorowe, co bardzo podnosi smak wszystkich potraw.

Pan Kleks śniadania i kolacje jada osobno, natomiast podczas obiadu unosi się w powietrzu ponad stołem z polewaczką w ręce i polewa nam potrawy rozmaitymi sosami. Każdy sos posiada inną właściwość: biały wzmacnia zęby, niebieski poprawia wzrok, żółty reguluje oddech, szary oczyszcza krew, zielony usuwa łupież.

Mateusz podczas jedzenia stoi na krawędzi wazonu pośrodku stołu i uważa, abyśmy nic nie zostawiali na talerzach.

O godzinie szóstej rano Mateusz chwyta w dziób mały srebrny dzwoneczek i dzwoni na apel. Biegniemy wówczas wszyscy do gabinetu pana Kleksa, gdzie pan Kleks już na nas czeka i na dzień dobry całuje każdego w czoło.

Po apelu pan Kleks wchodzi do dużej szafy stojącej w rogu gabinetu i przez okienko w jej drzwiach odbiera od nas senne lusterka. Mają one swoje szczególne przeznaczenie. Na nocnych stolikach przy każdym z łóżek stoi takie lusterko przez całą noc. Odbijają się w nich nasze sny i rano, gdy lusterka oddajemy panu Kleksowi, ogląda on dokładnie, co śniło się każdemu z nas. Sny niedobre, niedokończone, głupie i nieodpowiednie idą do śmietnika, a pozostają tylko te, które spodobały się panu Kleksowi.

Za pomocą waty nasyconej sennym kwasem pan Kleks zbiera z lusterek wszystkie wybrane sny i wyciska je do porcelanowej miseczki. Tam suszą się one przez jakiś czas. Gdy wyschną już na proszek, pan Kleks na specjalnej maszynce wytłacza z nich okrągłe pastylki, które wszyscy zażywamy na noc. Dzięki temu mamy coraz ładniejsze i coraz ciekawsze sny, a najpiękniejsze z nich pan Kleks zapisuje w senniku swojej Akademii.

Mój sen o siedmiu szklankach tak się spodobał panu Kleksowi, że zapisał go w senniku od początku do końca i odznaczył mnie dwiema piegami. Ponadto zapowiedział całej klasie, że w niedzielę po południu sen ten odczytany zostanie na głos.

Lekcje rozpoczynają się o siódmej rano. Nigdzie chyba chłopcy nie uczą się tak chętnie jak w Akademii pana Kleksa. Przede wszystkim nigdy nie wiadomo, co pan Kleks danego dnia wymyśli, a po wtóre – wszystko, czego się uczymy, jest ogromnie ciekawe i zabawne.

– Pamiętajcie, chłopcy – rzekł do nas na samym początku pan Kleks – że nie będę was uczył ani tabliczki mnożenia, ani gramatyki, ani kaligrafii, ani tych wszystkich nauk, które są zazwyczaj wykładane w szkołach. Ja wam po prostu pootwieram głowy i naleję do nich oleju.

Ażeby każdy mógł zorientować się, jakiego rodzaju nauki pobieramy w Akademii pana Kleksa, opowiem dla przykładu przebieg dnia wczorajszego, gdyż na opisanie wszystkich lekcji, przedmiotów, wykładów, zajęć i ćwiczeń z całego roku nie wystarczyłoby miejsca w żadnej książce.

Otóż wczoraj pierwsza lekcja była to lekcja kleksografii. Naukę tę wymyślił pan Kleks, abyśmy wiedzieli, jak trzeba obchodzić się z atramentem.

Kleksografia polega na tym, że na arkuszu papieru robi się kilka dużych kleksów, po czym arkusz składa się na pół i kleksy rozmazują się po papierze, przybierając kształty rozmaitych figur, zwierząt i postaci.

Niekiedy z rozgniecionych kleksów powstają całe obrazki, do których dopisujemy odpowiednie historyjki, wymyślane przez pana Kleksa.

Myślę, że sam pan Kleks powstał z takiego właśnie rozgniecionego atramentowego kleksa i dlatego tak się nazywa. Mateusz jest zdania, że po panu Kleksie można się wszystkiego spodziewać i że moje przypuszczenia są całkiem prawdopodobne.

Do jednego z moich obrazków pan Kleks ułożył taki dwuwiersz:

Bardzo trudno jest mi orzec,
Czy to ptak, czy nosorożec.

Lekcja kleksografii niezmiernie nam przypadła do gustu. Poszło na nią kilka flaszek atramentu i cały stos papieru, nie mówiąc już o tym, że wszyscy byliśmy ubrudzeni atramentem aż po łokcie. Wieczorem musieliśmy użyć do mycia soku cytrynowego, gdyż żaden inny nie mógł odmyć plam z naszych rąk i twarzy.

Po lekcji kleksografii zabraliśmy się do przędzenia liter. Zauważyliście pewno wszyscy, że drukowane litery w książkach składają się z czarnych niteczek, posplatanych w najrozmaitszy sposób. Pan Kleks nauczył nas rozplątywać litery, rozplatać poszczególne małe niteczki i łączyć je w jedną długą nitkę, którą następnie nawija się na szpulkę. W ten sposób nawinęliśmy już na szpulki mnóstwo książek z biblioteki pana Kleksa, tak że na półkach zostały tylko puste stronice, bez liter. Z jednej książki można otrzymać siedem, a czasem nawet osiem dużych szpulek czarnych nici, na których pan Kleks następnie wiąże supełki. Jest to największa pasja Pana

Kleksa. Potrafi całymi godzinami siedzieć w fotelu albo w powietrzu i wiązać supełki.

Gdy zapytałem go, po co to robi, odrzekł mi wielce zdziwiony:

– Jak to? Czy nie rozumiesz? Przecież czytam! Przepuszczam litery przez palce i mogę w ten sposób przeczytać całą książkę, nie męcząc wzroku. Gdy nawiniecie już na szpulki wszystkie moje książki, nauczę was również czytać palcami.

Przędzenie liter jest właściwie dość żmudne, ale wolę je niż czytanie wypisów lub odrabianie zadań arytmetycznych.

Po lekcji przędzenia liter pan Kleks zaprowadził nas wszystkich na drugie piętro i otworzył jeden z zamkniętych pokojów.

– Wchodźcie ostrożnie, moi chłopcy – rzekł pan Kleks, wpuszczając nas do środka – w sali tej mieści się szpital chorych sprzętów, musicie uważać, aby żadnego z nich nie urazić. Pamiętacie, jak wyleczyłem zepsuty tramwaj? Otóż dzisiaj chcę was nauczyć leczenia chorych sprzętów.

Po wejściu na salę oczom naszym przedstawiła się istna rupieciarnia. Były tam fotele bez nóg, tapczany bez sprężyn, popękane lustra, zepsute zegary, popaczone stoły, powykrzywiane szafy, dziurawe krzesła i mnóstwo rozmaitych innych zniszczonych sprzętów.

Pan Kleks kazał nam ustawić się pod ścianami, sam natomiast zabrał się do pracy.

Każdy sprzęt, do którego zbliżał się pan Kleks, trzeszczał lub skrzypiał na jego widok i ufnie ocierał się o jego ubranie. Krzesła i stołki z radości tupały nogami, a zegary pojękiwały zepsutymi sprężynami.

Z największą ciekawością przyglądaliśmy się zabiegom pana Kleksa. Zabrał się on przede wszystkim do stołu, który stał w rogu sali. Opukał go dokładnie na wszystkie strony, ujął za jedną z nóg i zmierzył mu puls, po czym przemówił niezmiernie czule:

– No co, mój maleńki? Już cię nie boli, prawda? Gorączka minęła, deski się zrosły, za trzy-cztery dni będziesz zdrów zupełnie.

Podczas gdy stół cichutko skomlał, pan Kleks wysmarował mu blat żółtą maścią i szpary w deskach przysypał zielonkawym proszkiem.

Następnie zbliżył się do szafy, która straszliwie zaskrzypiała obojgiem drzwi.

– Jak tam? – zapytał pan Kleks. – Czy bardzo jeszcze kaszlesz? Chyba nie. Wkrótce już będziesz zdrowa, tylko się nie martw.

Mówiąc to, przyłożył ucho do jej pleców, bardzo uważnie wysłuchał, po czym napuścił kroplomierzem do wszystkich zawiasów po kropli oleju rycynowego.

Szafa odetchnęła głęboko i czule poczęła łasić się do pana Kleksa.

– Jutro cię jeszcze odwiedzę – rzekł pan Kleks – bądź tylko dobrej myśli.

Na ścianie wisiało pęknięte lustro. Pan Kleks przejrzał się w lustrze dokładnie i poprawił sobie piegi na nosie, wyjął z kieszeni czarny angielski plasterek i nalepił go wzdłuż całego pęknięcia.

– Patrzcie, chłopcy, uczcie się, jak trzeba leczyć pęknięte szkło! – zawołał do nas wesoło pan Kleks.

Po tych słowach jął nacierać lustro flanelową szmatką, a gdy po chwili odlepił plasterek, nie było już ani śladu pęknięcia.

– Niech Anastazy i Artur zaniosą lustro do jadalni. Jest już zdrowe – powiedział pan Kleks.

Nieco dłużej trwały zabiegi przy zepsutym zegarze. Trzeba było przepłukiwać wszystkie śrubki, zapuszczać kropelki, smarować i nacierać pękniętą sprężynę, jodynować wahadło.

– Biedactwo – rozczulał się nad nim pan Kleks – tyle musisz się nacierpieć. No, ale nic, wszystko będzie dobrze.

Gdy pan Kleks pocałował go w cyferblat i czule pogłaskał po drewnianej szafce, zegar nagle wydzwonił godzinę, wahadło poszło w ruch i w całej sali rozległo się głośne „Tik-tak, tik-tak, tik-tak".

Byliśmy po prostu zdumieni, a niebawem mieliśmy sposobność przekonać się, jak bardzo przywiązane są do pana Kleksa chore sprzęty.

Zamierzaliśmy właśnie opuścić szpital, gdy nagle okazało się, że pan Kleks zgubił swoją ulubioną złotą wykałaczkę.

– Nie wyjdę stąd, dopóki zguba się nie znajdzie – oznajmił pan Kleks.

Rozpoczęły się poszukiwania. Wszyscy, ilu nas tylko było, poklękaliśmy na podłodze i pełzając na czworakach, przeszukiwaliśmy zakamarki, kąty i skrytki. Mateusz fruwał po całej sali, wtykając dziób do rozmaitych szpar i szczelin w podłodze i w ścianach, tylko pan Kleks siedział w powietrzu z nogą założoną na nogę, łykał pigułki na porost włosów, bo mu kilka ze zmartwienia wypadło, i rozmyślał.

Poszukiwania nasze trwały długo, a mimo to nie zdołaliśmy odnaleźć wykałaczki. Pan Kleks również był bezsilny, gdyż jego prawe oko nie wróciło jeszcze z księżyca i wskutek tego nie mogło być wysłane na oględziny.

Nic też dziwnego, że widząc zgryzotę pana Kleksa i naszą niezaradność, chore sprzęty same zabrały się do szukania zguby. Kulawe stoliki i stołki kuśtykały po całej sali, dziurki od klucza rozglądały się uważnie dookoła, szuflady powysuwały się, pojękując dnami, lustra usiłowały odbić po kolei wszystko, co tylko mogły w sobie pomieścić, wreszcie piec, pragnąc także przyczynić się do znalezienia wykałaczki, powtarzał nieustannie:

– Zimno-zimno-ciepło, zimno-ciepło-ciepło.

Zegar chodził bardzo długo i dopiero gdy zaczął się zbliżać do okna, piec zawołał:

– Ciepło-ciepło-ciepło!

Zegar obejrzał dokładnie parapet i ramy okna, a potem zabrał się do przeszukiwania firanek.

– Gorąco-gorąco! – wołał piec.

Okazało się, że wykałaczka najspokojniej tkwiła w fałdach firanki tuż nad podłogą.

W ten sposób chore sprzęty odnalazły zgubę pana Kleksa.

Pobyt nasz w szpitalu przeciągnął się do południa. O tej porze pan Kleks jada zazwyczaj drugie śniadanie, my zaś udajemy się nad staw lub na boisko, gdzie codziennie odbywa się jedna lekcja na świeżym powietrzu.

Zatem gdy po wyjściu ze szpitala chorych sprzętów zeszliśmy na dół, pan Kleks wypłynął przez okno do ogrodu na połów motyli, Mateusz natomiast zarządził zbiórkę i poprowadził nas na boisko, na lekcję geografii. Byłem już poprzednio w dwóch szkołach, ale po raz pierwszy w życiu widziałem taką lekcję geografii.

Mateusz wytoczył na boisko dużą piłkę zrobioną z globusa, rozdzielił nas wszystkich na dwie drużyny i powyznaczał nam stanowiska zupełnie tak, jak do gry w piłkę nożną. Mateusz był sędzią, fruwał nieustannie w ślad za piłką i gwizdał, gdy któryś z nas popełniał błędy. Cała zaś sztuka polegała na tym, aby uderzając w piłkę nogą, wymieniać równocześnie miasto, rzekę albo górę, w którą właśnie trafił czubek trzewika.

Na znak dany przez Mateusza gra rozpoczęła się. Biegaliśmy za globusem jak szaleni i kopaliśmy piłkę z całych sił.

Przy każdym kopnięciu padał okrzyk któregoś z graczy:

– Radom!

– Australia!

– Londyn!

– Tatry!

– Skierniewice!

– Wisła!

– Berlin!

– Grecja!

Mateusz gwizdał raz po raz, okazywało się bowiem, że Antoni wymienił Skierniewice zamiast Mysłowic, Albert pomieszał Kielce z Chinami, zaś Anastazy wziął Afrykę za Morze Bałtyckie.

Gra ta bawiła nas niesłychanie, popychaliśmy jeden drugiego, przewracaliśmy się na ziemię, wykrzykiwaliśmy nazwy miast, krajów i mórz, Mateuszowi pot spływał z dzioba, ja sapałem jak miech kowalski, a jednak nauczyłem się przy tym z geografii więcej niż w dwóch poprzednich szkołach w ciągu trzech lat.

Przy samym końcu gry przytrafił się pewien nieprzewidziany przypadek: jeden z Aleksandrów tak mocno kop-

nął globus, że wzbił się on niezmiernie wysoko, a następnie spadł nie na boisko, lecz przeleciał przez mur i dostał się w ten sposób na teren jednej z sąsiednich bajek. Byliśmy ogromnie zakłopotani, gdyż nie wiedzieliśmy, w jakiej bajce mamy szukać naszej piłki: czy udać się do Tomcia Palucha, czy do Trzech Świnek, czy też może do Sindbada Żeglarza.

Gdy tak zastanawialiśmy się nad tym, co począć, rozległ się nagle wesoły głos Mateusza:

– Aga, opcy!

Co miało oznaczać:

– Uwaga, chłopcy!

Spojrzeliśmy przed siebie i oczom naszym ukazał się niezwykły widok: od strony muru zbliżała się do nas prześliczna Królewna Śnieżka, a za nią dwunastu krasnoludków dźwigało na plecach nasz globus.

Pobiegliśmy na spotkanie, witając ich jak najserdeczniej.

Królewna Śnieżka uśmiechnęła się do nas łaskawie i rzekła:

– Wasza piłka potłukła mi kilka zabawek, mimo to jednak zwracam ją wam, ale pod warunkiem, że nauczycie moich krasnoludków geografii.

– Doskonale! Bardzo chętnie! – zawołał Anastazy, który był najśmielszy z nas wszystkich.

Tymczasem stała się rzecz zgoła niespodziewana: Królewna Śnieżka, a wraz z nią dwunastu jej poddanych, zaczęli pomału topnieć i rozpływać się w gorących promieniach sierpniowego słońca.

– Zapomniałam, że u was jest przecież lato – szepnęła zawstydzona Królewna Śnieżka.

Zanim zorientowaliśmy się w sytuacji, biedna Królewna Śnieżka z każdą chwilą malała, topniejąc coraz bardziej, aż wreszcie rozpuściła się całkiem i zamieniła się w maleńki przezroczysty strumyczek. Połączyło się z nim dwanaście innych strumyczków i wszystkie razem popłynęły w stronę jednej z furtek w murze, szemrząc znane słowa marsza krasnoludków:

Hej-ha, hej-ho,
Do domu by się szło!

„Jak to dobrze, że nie jestem ze śniegu" – pomyślałem sobie, patrząc na oddalający się coraz bardziej strumyczek.

Tak skończyły się odwiedziny Królewny Śnieżki w Akademii pana Kleksa.

Gdy tak stałem zamyślony, rozległ się gwałtowny dźwięk dzwonka.

To Mateusz wzywał nas na obiad.

Rozdział V

Kuchnia pana Kleksa

W Akademii pana Kleksa nie ma żadnej służby i wszystkie niezbędne czynności wykonywane są przez nas samych. Obowiązki podzielone są między uczniami w ten sposób, że każdy z nas ma jakieś określone stałe funkcje gospodarskie. Anastazy otwiera i zamyka bramę, a nadto zarządza balonikami pana Kleksa. Pięciu Aleksandrów zajmuje się naszą garderobą i bielizną, to znaczy, że dbają o jej czystość, cerują pończochy i przyszywają guziki. Albert i jeden Antoni uprzątają park i boisko; Alfred i drugi Antoni nakrywają i podają do stołu; drugi Alfred i trzeci Antoni zmywają naczynia; Artur sprząta salę szkolną; trzej Andrzeje utrzymują porządek w jadalni, sypialni oraz na schodach; trzej Adamowie wydzielają soki do mycia i sosy do obiadu; pozostali uczniowie zajmują się rozmaitymi innymi sprawami gospodarskimi i jedynie w kuchni niepodzielnie króluje sam pan Kleks.

Wszyscy byliśmy zawsze niezmiernie ciekawi, jak pan Kleks radzi sobie z gotowaniem na tyle osób, ale wstęp do kuchni był zabroniony. Dopiero w zeszłym tygodniu pan Kleks oznajmił, że przydziela mnie do kuchni i wyznacza na swego pomocnika. Byłem tym zachwycony i chodziłem po Akademii dumny jak paw.

Gdy Mateusz zadzwonił na obiad, wszyscy chłopcy pobiegli do jadalni, gdzie Alfred i drugi Antoni krzątali się już dookoła stołu, ja zaś udałem się do kuchni.

Muszę koniecznie opisać jej wygląd i urządzenia, które zaprowadził tam pan Kleks.

Wzdłuż jednej ściany stały na długich stołach blaszane puszki, wypełnione szkiełkami przeróżnych barw i odcieni. Po przeciwległej stronie umieszczone były naczynia z jadalnymi farbami oraz ogromny zbiór najdziwaczniejszych pędzli i pędzelków. Na oknach stały drewniane skrzynki z jaskrawymi kwiatami, wśród których przeważały nasturcje i pelargonie. Pośrodku kuchni wznosił się wielki stół z metalowym blatem. Stał na nim pękaty szklany słój, napełniony płomykami świec, oraz mnóstwo małych słoików z kolorowym proszkiem.

Przystępując do gotowania obiadu, pan Kleks włożył biały kitel i zabrał się do przyrządzania potraw.

Do ogromnego rondla wrzucił trzy kwarty pomarańczowych szkiełek, dosypał garstkę białego proszku, dolał wody, cienkim pędzelkiem wymalował na powierzchni zielone grochy, po czym na zakończenie dorzucił kilka płomyków świec, od których woda w rondlu natychmiast zawrzała. Wówczas pan Kleks wymieszał dokładnie całą zawartość rondla, przelał ją do wazy i rzekł do mnie:

– Zanieś tę wazę Alfredowi do jadalni. Myślę, że zupa pomidorowa będzie dzisiaj doskonała.

Rzeczywiście, muszę przyznać, że jeszcze nigdy w życiu nie jadłem nic równie smacznego, a przecież ugotowanie zupy nie trwało nawet pięciu minut.

Podczas gdy chłopcy jedli pierwsze danie, pan Kleks zabrał się do przyrządzania pieczystego. W tym celu włożył do dużej brytfanny jeden płomyk świecy, położył na nim maleńki kawałeczek mięsa, wrzucił dwa szkiełka: jedno czerwone i jedno białe, wszystko to posypał szarym proszkiem, a gdy mięso już się upiekło i szkiełka rozgotowały się, przyłożył do brytfanny powiększającą pompkę i kilkakrotnie nacisnął jej denko. Brytfanna natychmiast wypełniła się po brzegi apetyczną i wonną pieczenią wołową, obłożoną buraczkami i tłuczonymi kartoflami. Na kartoflach wymalował pan Kleks zielony koperek. Pieczeń ta z trudnością zmieściła się na półmiskach, które zaniosłem do jadalni.

Na deser pan Kleks postanowił przyrządzić kompot z agrestu. Obciął kilka listków pelargonii, posypał je proszkiem agrestowym i skosztował.

– Nie smakuje mi! – rzekł sam do siebie. – Lepszy będzie kompot z malin.

Nie zastanawiając się długo, pochwycił gruby pędzel, zanurzył go w czerwonej farbie i kompot agrestowy przemalował na kompot malinowy.

Był tak znakomity, że próbowałem go trzykrotnie, a byłbym chętnie zjadł jeszcze więcej. Mogłem sobie na to pozwolić, gdyż po przyrządzeniu kompotu, co trwało jedną chwilę, pan Kleks udał się do jadalni z polewaczką, ażeby pieczeń polać brunatnym sosem, wzmacniającym dziąsła.

Gdy po obiedzie chłopcy wzięli się do robienia porządków oraz do innych zajęć gospodarskich, pan Kleks wrócił do kuchni i rzekł do mnie:

– No, Adasiu, teraz pora na nas, pewno jesteś już bardzo głodny. Powiedz, co chciałbyś zjeść na obiad? Możesz sobie wybrać każdą potrawę, na jaką masz apetyt.

Z natury jestem bardzo łakomy, toteż propozycja pana Kleksa poruszyła mnie ogromnie. Długo zastanawiałem się nad tym, na co mam właściwie apetyt, i wreszcie wybrałem sobie omlet ze szpinakiem.

Pan Kleks natychmiast porwał w dłoń pędzel, umaczał go w rozmaitych farbach i łącząc je w odpowiedni sposób, namalował omlet, potem szpinak, wrzucił do środka płomyk świecy, po czym zręcznie wyłożył wszystko na talerz, mówiąc:

– Myślę, że mój omlet będzie ci smakował; powinien być wyśmienity.

Omlet był rzeczywiście wyborny i wprost rozpływał się w ustach.

W podobny sposób przyrządził dla mnie pan Kleks kurczaka z mizerią i pierogi z jagodami.

– A co pan będzie jadł, panie profesorze? – zapytałem nieśmiało.

W odpowiedzi na moje pytanie pan Kleks wyjął z kieszonki pudełeczko z pigułkami na porost włosów, połknął pięć takich pigułek jedną po drugiej i rzekł:

– To mi zupełnie wystarczy. Natomiast dla smaku zjem sobie moją ulubioną kolorową potrawę.

Mówiąc to, zerwał kwiatek nasturcji, zanurzył go naprzód w zielonej farbie, potem w niebieskiej, potem w srebrnej, wreszcie zjadł go z ogromnym smakiem.

– Muszę ci to wytłumaczyć – powiedział pan Kleks, widząc moje zdziwienie. – Przed wielu, wielu laty przebywałem w Pekinie, stolicy Chin, i zaprzyjaźniłem się tam z pewnym chińskim uczonym, doktorem Paj-Chi-Wo. Nazwisko to na pewno już nieraz obiło ci się o uszy. Otóż wspomniany doktor Paj-Chi-Wo nauczył mnie wyrabiać jadalne farby, które stanowią esencję rozmaitych smaków.

Niebieska farba jest kwaśna, zielona jest słodka, czerwona jest gorzka, żółta jest słona, natomiast z różnych połączeń farb powstają smaki pośrednie. Tak więc odpowiednie połączenie farby zielonej z białą i z odrobiną szarej daje smak waniliowy, brązowa z żółtą posiada smak czekoladowy, farba srebrna, domieszana do czarnej i z lekka zakropiona seledynową, smakuje jak ananas. I tak dalej, i tak dalej.

W opowiadaniu pana Kleksa uderzyło mnie to, że jak się okazało, znał dobrze doktora Paj-Chi-Wo, tego samego, który dał Mateuszowi cudowną czapkę bogdychanów. Było w tym coś bardzo zagadkowego.

Tymczasem pan Kleks ciągnął dalej swoją opowieść:

– Doktor Paj-Chi-Wo odkrył mi również inne swoje tajemnice oraz nauczył mnie wszystkiego, co dzisiaj umiem. Między innymi wyjawił mi ukryte znaczenie ludzkich imion. Tym więc tłumaczy się, że do mojej Akademii przyjmuję tylko uczniów, których imiona zaczynają się na literę A, gdyż wiadomo z góry, że są zdolni i pracowici. Do imienia Mateusz przywiązane są wszelkie pomyślności. Dlatego też Mateuszem nazwałem mego ulubionego szpaka. Najszczęśliwsze imię to Ambroży, które ja sam noszę. No, ale mniejsza z tym – zakończył pan Kleks swoje opowiadanie – czas już pójść do parku, chłopcy na nas czekają.

Godziny poobiednie zawsze spędzaliśmy w parku, gdzie pan Kleks wymyślał dla nas przeróżne zabawy i rozrywki.

Tego dnia bawiliśmy się w poszukiwaczy skarbów.

– Szukajcie dobrze, a znajdziecie – powiedział do nas znacząco pan Kleks.

Wszyscy chłopcy rozbiegli się po parku, ja zaś zaproponowałem Arturowi, aby poszedł na poszukiwania wraz ze mną. Artur chętnie się zgodził, wobec czego zabraliśmy się wspólnie do układania planu wyprawy.

Jak już wspomniałem poprzednio, park otaczający Akademię pana Kleksa był niezmiernie rozległy. Sędziwe dęby, wiązy i graby, kasztany i tulipanowce strzelały wysoko w górę, rzucając gęsty cień na liczne jary i wąwozy. Rosnące dziko krzewy, pokrzywy i łopuchy, krzaki dzikich malin i jeżyn, bujne zarośla i wszelkiego rodzaju zielska tworzyły gąszcze nie do przebycia, utrudniające dostęp do grot i pieczar, których pełno było w jarach i ścianach rozpadlin. Niektóre części parku przypominały dżunglę, gdzie ludzka noga nie postała od wielu lat i skąd po nocach dolatywały tajemnicze odgłosy i szumy.

Nikt z nas nie usiłował nigdy przeniknąć w głąb tych chaszczy, chociaż wszystkich nas pociągała chęć ich poznania. Docieraliśmy niekiedy do bliżej położonych pieczar, zaglądaliśmy do niektórych dziupli wydrążonych w stuletnich drzewach, ale wyobraźnię naszą drażniły stale owe niezbadane i nieprzebyte gąszcze.

Po naradzie odbytej z Arturem wzięliśmy z domu latarki, sznury, ostry nóż myśliwski, kilka innych jeszcze pożytecznych przedmiotów, garść kolorowych szkiełek, które dał nam pan Kleks na wypadek, gdybyśmy byli głodni, po czym ruszyliśmy w kierunku wschodniej części parku.

Przebijaliśmy się z trudem przez las wysokich pokrzyw, przez ostępy dzikiego łubinu, nożem torowaliśmy sobie drogę poprzez splątane gałęzie drzew, czołgaliśmy się na czworakach pod zwieszającymi się tuż nad ziemią gałęziami, kaleczyliśmy się o sterczące konary i sęki, aż wreszcie stanęliśmy w samym sercu tajemniczej gęstwiny.

Rozglądaliśmy się niespokojnie wokoło, uważnie nasłuchując. Dolatywały nas ciche szmery, podobne do szeptów ludzkich, jakieś tłumione śmiechy, szelest suchych liści, potrącanych przez wystraszone jaszczurki.

Spojrzałem w górę. Wysoko nad nami rozpościerały się potężne konary starego dębu. O jakie dwa metry ponad naszymi głowami widniał otwór szerokiej dziupli, która obu nas niezmiernie zainteresowała.

– Dobrze byłoby się tam dostać – powiedział Artur.

– No chyba! – odrzekłem z zapałem.

Nie zwlekając, zabraliśmy się do roboty. Artur związał koniec sznura w pętlę i zarzucił ją na jeden z konarów drzewa. Rzut był celny, sznur mocno zawisnął na grubym sęku, dokoła którego pętla się zacisnęła. Po chwili Artur z kocią zwinnością wdrapał się po sznurze i zniknął w głębi dziupli. Uczyniłem to samo i niebawem obaj znaleźliśmy się we wnętrzu dębowego pnia. Ze zdziwieniem stwierdziliśmy, że stoimy na szczycie kręconych schodów, prowadzących w dół.

– Schodzimy? – zapytał Artur.

– Oczywiście, że schodzimy! – odrzekłem.

Świecąc latarkami, krok za krokiem zaczęliśmy zstępować w dół po wąskich stopniach schodków. Naliczyłem ich ogółem dwieście trzydzieści siedem. Schodzenie trwało dobry kwadrans, a kiedy wreszcie stanęliśmy na samym dole, oczom naszym ukazał się wylot ciemnego wąskiego korytarza. Szliśmy przed siebie, starając się zachować jak największą ciszę. Przyznaję, że ze strachu miałem duszę na ramieniu, a równocześnie dokładnie słyszałem bicie nie tylko własnego serca, ale również serca Artura. Kilkakrotnie musieliśmy skręcać to w prawo, to w lewo, aż w końcu znaleźliśmy się w ogromnej sali, oświetlonej jaskrawym zielonym światłem. Pośrodku stały trzy żelazne skrzynie z pięknymi okuciami. Bez trudu otworzyłem pierwszą z nich. Jakież było nasze zdumienie, gdy na dnie skrzyni ujrzeliśmy maleńką zieloną

żabkę z maleńką złotą koroną na głowie.

– Nie dotykajcie mnie! – rzekła żabka. – Wiem, że jesteście z Akademii pana Kleksa i zupełnie bez potrzeby zabłąkaliście się do sąsiedniej bajki, do bajki o Królewnie Żabce. Jeśli mnie dotkniecie, natychmiast przemienicie się w żaby i zostaniecie już tutaj na zawsze. Bajka o mnie jest wprawdzie bardzo piękna, ale nie ma końca i od pięćdziesięciu lat czekam na to, aby ktoś wymyślił jej zakończenie. Żaden z was nie potrafi mi w tym dopomóc, dlatego też zostawcie mnie w spokoju, uszanujcie moją wolę, a za to będziecie mogli zabrać sobie wszystko, co znajduje się w dwóch pozostałych skrzyniach.

Słysząc te słowa, ukłoniliśmy się grzecznie Królewnie Żabce i z wielką ostrożnością opuściliśmy wieko skrzyni.

Następnie otworzyłem drugą skrzynię w przekonaniu, że w niej również ukryta jest jakaś niespodzianka. Na dnie jednak leżał mały złoty gwizdek i nic więcej. Bardzo rozczarowany rzekłem do Artura:

– Weź sobie ten gwizdek, obejdę się bez niego!

I nie czekając na towarzysza, zbliżyłem się do trzeciej skrzyni.

Artur uważnie oglądał gwizdek, ja zaś przez ten czas otworzyłem trzecią skrzynię i wyjąłem z niej leżący na dnie maleńki złoty kluczyk.

– A to ci dopiero skarby! – zawołałem ze śmiechem.

Wziąłem z rąk Artura gwizdek, przyłożyłem go do ust i zagwizdałem.

W tej samej chwili jakaś niewidzialna siła porwała nas obu i uniosła wysoko w górę. Zanim zdążyliśmy się opamiętać, staliśmy na ziemi u stóp dębu. Wprawdzie sznur nasz zwisał z dębowego sęka, jednak na próżno szukaliśmy dziupli w tym miejscu, gdzie była poprzednio.

Przejęci naszą przygodą, ruszyliśmy w kierunku stawu, gdzie miał nas oczekiwać pan Kleks. Zastaliśmy go w otoczeniu uczniów, gdyż wszyscy już wrócili ze swych poszukiwań. Obok pana Kleksa leżały znalezione przez nich skarby. Były więc złote monety, sznur pereł, skrzypce ze złotymi strunami, kubek z ametystu, tabakierki, pierścienie z drogimi kamieniami, srebrne talerze, posążki z bursztynu i kości słoniowej i mnóstwo rozmaitych innych cennych przedmiotów.

Czuliśmy się zawstydzeni widokiem tych skarbów.

– A wy coście znaleźli? – zapytał nas z uśmiechem pan Kleks.

Pokazaliśmy mu kluczyk i gwizdek.

Pan Kleks przyglądał się tym przedmiotom z takim skupieniem, jak gdyby zobaczył coś niezwykłego.

– To są nieocenione skarby – rzekł do nas po chwili. – Kluczyk ten otwiera wszystkie bez wyjątku zamki. Gwizdek natomiast posiada taką właściwość, że wystarczy na nim zagwizdać, aby znaleźć się tam, gdzie się być pragnie. Spisaliście się najlepiej ze wszystkich i dlatego otrzymacie zaszczytne wyróżnienie!

Po tych słowach pan Kleks zdjął sobie z nosa dwie duże piegi i przylepił po jednej mnie i Arturowi.

Wszyscy chłopcy z ogromnym zaciekawieniem oglądali znalezione przez nas przedmioty, a gdy jeszcze opowiedzieliśmy o Królewnie Żabce, zazdrościli nam bardzo naszej przygody.

– Każdy z was może zatrzymać sobie na własność to, co dzisiaj znalazł – oświadczył pan Kleks. – A teraz nie traćmy więcej czasu. O czwartej mamy pójść do miasta. Wobec tego, że zostały jeszcze trzy kwadranse, niechaj nam Adaś Niezgódka opowie, jak to było wtenczas, kiedy mu się zachciało latać, i co przy tej sposobności widział. Jest to bardzo ciekawa historia.

Nikomu poza panem Kleksem nie opowiadałem dotąd o mojej wielkiej przygodzie, gdyż obawiałem się, że nikt mi nie uwierzy. Teraz jednak, wobec żądania pana Kleksa, nie pozostawało mi nic innego, jak całą historię opowiedzieć od początku do końca.

Chłopcy wysłuchali jej z zapartym oddechem.

Rozdział VI

Moja wielka przygoda

Zawsze wydawało mi się, że latanie jest rzeczą całkiem łatwą i że wystarczy tylko unieść się w powietrze, a już można poszybować wzorem ptaków aż pod samo niebo.

Tymczasem jednak przypuszczenia moje zawiodły mnie zupełnie.

Gdy, idąc w ślady pana Kleksa, nabrałem w płuca pewną ilość powietrza i poczułem wewnątrz niezwykłą lekkość, zrozumiałem, że już gotów jestem do lotu. Wydąłem więc policzki i począłem natychmiast unosić się w górę. Ujrzałem pod sobą Akademię pana Kleksa, która oddalała się ode mnie z wielką szybkością, park malał i jakby uciekał w dół, koledzy poczęli gwałtownie się zmniejszać. Gdy tak zupełnie pomimo woli wznosiłem się coraz wyżej, ogarnęło mnie uczucie lęku i postanowiłem jak najprędzej lądować, okazało się jednak, że nie mam najmniejszego pojęcia o kierowaniu sobą w powietrzu. Próbowałem wykonywać rękami i nogami rozmaite ruchy, usiłowałem naśladować przelatujące w pobliżu ptaki, wstrzymywałem oddech, ale wszystko na próżno.

Zawisłem w powietrzu jak balon i wiatr niósł mnie nie wiadomo dokąd. Zauważyłem, że przeleciałem już ponad murem Akademii pana Kleksa, spodziewałem się, że zobaczę teraz z góry wszystkie sąsiednie bajki, do których tyle razy przedostawałem się przez furtki w parku. Poza murem jednak nie dojrzałem zgoła nic prócz kilku zielonych pagórków, brzozowego gaju i obsypanych kwiatami łąk. Bajek nie było nawet śladu i mur, tak jak każdy inny mur, najzwyczajniej otaczał zabudowania Akademii. Po chwili jednak i ten widok zniknął mi z oczu i ujrzałem pod sobą miasto, w którym domy stały obok siebie jak pudełka zapałek. Poprzez wąziutkie uliczki przebiegały maleńkie tramwaje, a ludzie jak mrówki snuli się we wszystkie strony. Moje pojawienie się nad miastem wywołało widoczne zainteresowanie.

Na placach poczęły gromadzić się grupy przechodniów z zadartymi do góry głowami. Widziałem, jak niektórzy z nich wdrapywali się na słupy i na dachy i przyglądali mi się przez długie lunety, a po chwili poczułem na sobie światło reflektorów. Tymczasem mój lot nie ustawał i w dalszym ciągu nie wiedziałem, w jaki sposób wrócić na ziemię. Szybko zapadał mrok, nagle się ochłodziło i po chwili zacząłem dygotać z zimna i ze strachu. Wiedziałem, że nie mogę spodziewać się pomocy pana Kleksa, gdyż jego wszechwidzące oko znajdowało się na księżycu, a na nikogo innego liczyć nie mogłem. Z nastaniem nocy ogarnęła mnie trwoga niedająca się opisać. Dokoła widziałem już tylko gwiazdy. Wreszcie, nie wiedząc kiedy i jak, wyczerpany lotem, płaczem i strachem, zapadłem w głęboki sen. Nagle obudziło mnie silne uderzenie w plecy. Otworzyłem oczy i ujrzałem przed sobą mur, o który widocznie uderzył mnie podmuch wiatru. Stałem wprawdzie na ziemi, ale ziemia ta była zupełnie przezroczysta i błękitna jak niebo. Ogromne złociste słońce widniało w dole i promienie jego grzały niezwykle. Mur zbudowany był z niebieskiego matowego szkła.

Postanowiłem zdobyć się na odwagę i, posuwając się wzdłuż muru, odnaleźć jakieś wejście. Szedłem bardzo długo po przezroczystej ziemi, aż wreszcie, tak jak przewidywałem, natrafiłem na dużą bramę z matowych szyb. Po krótkim wahaniu zapukałem. Jedna z szyb odsunęła się i ujrzałem groźną głowę buldoga, który trzy razy warknął i szybko zasunął szybę. Niebawem jednak okienko znów się otworzyło i tym razem zobaczyłem łeb białego pudla, który przyjaźnie wyszczerzył zęby, mlasnął językiem i zaszczekał, jak gdyby spotkał starego znajomego.

Uśmiechnąłem się mimo woli i gwizdnąłem przez zęby. Miałem bowiem przed paru laty ulubionego mopsa imieniem Reks, na którego zazwyczaj w ten sposób gwizdałem.

Zdziwienie moje nie miało granic, gdy na ten gwizd odpowiedziało mi głośne szczekanie, pudel został gwałtownie odepchnięty i w okienku ukazała się znajoma mordka mojego Reksa. Zdawało się, że na mój widok wyskoczy po prostu ze skóry. Nie mogłem się powstrzymać i z radości pocałowałem go w nos, on zaś polizał mnie tak czule, że aż mi serce mocniej zabiło.

– Reks – wołałem – Reks, to ty?

– Hau! hau! hau! – odpowiedział mi Reks długim, wesołym szczekaniem.

Po chwili brama otworzyła się na oścież i oczom moim ukazał się niezwykły widok.

Od bramy prowadziła szeroka ulica, po obydwóch jej stronach stały długim szeregiem psie budy, a raczej nieduże domki, pobudowane z różnokolorowych cegiełek i kafli, o maleńkich ganeczkach i okrągłych okienkach, otoczone prześlicznymi ogródkami. Po ulicy spacerowały psy i pieski najrozmaitszych ras i gatunków, wesoło poszczekując i merdając ogonami, a z okienek wyglądały różowe pyszczki puszystych, rozbawionych szczeniaków.

Reks łasił się do mnie bez przerwy, a ja również nie mogłem się nim nacieszyć.

Różne inne psy z zaciekawieniem, ale przyjaźnie obwąchiwały mnie, a niektóre serdecznie lizały po twarzy i po rękach.

Poczułem się dziwnie nieswojo i było mi wstyd, że nie mogłem odpowiedzieć psom taką samą serdecznością.

Nie rozumiałem ich i wyróżniałem się spośród nich w sposób zbyt rażący. Ulegając tedy wewnętrznemu głosowi, zapragnąłem upodobnić się do otaczających mnie psów i począłem chodzić na czworakach, co przyszło mi bardzo łatwo i wypadło całkiem naturalnie. Chcąc naśladować psią mowę, spróbowałem szczeknąć lub warknąć, ale z moich ust wydobyły się słowa, których dotąd zupełnie nie znałem. Takie same słowa rozlegały się dokoła i naraz doleciał mnie znajomy głos Reksa:

– Nie dziw się, Adasiu, każdy, kto do nas zawita, zaczyna rozumieć naszą mowę i sam potrafi nią władać równie dobrze jak i my. Czy się domyślasz, gdzie jesteś?

– Pojęcia nie mam – odrzekłem. – Reksie mój drogi, może mi objaśnisz, a następnie zaznajomisz mnie ze swymi kolegami, bo czuję się pomiędzy nimi cokolwiek obco.

– Niech cię to nie martwi. Przyzwyczaisz się szybko do nowego otoczenia. Trafiłeś po prostu do psiego raju. Wszystkie psy po śmierci dostają się tutaj, gdzie nie doznają żadnych trosk ani przykrości. Wasz ludzki raj mieści się o wiele, wiele wyżej. Nasz znajduje się na połowie drogi i bardzo wielu ludzi, udając się do ludzkiego raju, zawadza o nas. Psy bardzo kochają ludzi, wiesz o tym. Dlatego też przyjmujemy ich tutaj bardzo chętnie i gościnnie, a po pewnym czasie wyprawiamy w dalszą drogę. Czy i ty się wybierasz do ludzkiego raju?

Opowiedziałem Reksowi o mojej przygodzie, o tym, że wcale jeszcze nie umarłem i że moim szczerym zamiarem jest wrócić do Akademii pana Kleksa.

Od Reksa dowiedziałem się, że przed paru miesiącami wpadł pod koła samochodu, wskutek czego umarł i jako wierny pies dostał się do psiego raju.

– A teraz – rzekł Reks – pozwól, że ci przedstawię moich przyjaciół. Oto buldog Tom, który pilnuje naszej bramy. Służył niegdyś wiernie królowej angielskiej, dlatego wszyscy niezmiernie go szanujemy. Ten pudel, którego poznałeś, ma na imię Glu-Glu. Jest doskonale wytresowany i zabawia nas przeróżnymi sztuczkami.

Na potwierdzenie słów Reksa pudel Glu-Glu fiknął w powietrzu pięć koziołków, a Reks ciągnął dalej:

– Ten szpic ma na imię Azorek, a to owczarek Kuba, a to pekińczyk Ralf, a to dobermanka Kora, a ten piękny chart to chluba naszego raju, ma na imię Jaszczur i na wszystkich wyścigach bierze pierwsze nagrody. Zresztą stopniowo poznasz się z pozostałymi psami, gdyż żyjemy tutaj w zgodzie i przyjaźni.

Istotnie, przed upływem godziny zaznajomiłem się co najmniej z setką rozmaitych psów i czułem się wśród nich tak dobrze, jak u siebie w domu, a może nawet jeszcze lepiej.

Czarny mały ratlerek zbliżył się do mnie i rzekł bardzo uprzejmie:

– Pozwoli pan, że się przedstawię. Nazywam się Lord.

– Bardzo mi przyjemnie – odrzekłem. – Jestem Adam Niezgódka.

– Jakie to dziwne – ciągnął Lord – że ludzie nie rozumieją naszej mowy, chociaż mówimy przecież zupełnie wyraźnie. Nieraz też zastanawiałem się nad tym, dlaczego w niektórych miejscach wiszą tabliczki z napisem: Zły pies. Żaden pies nigdy nie bywa zły. To nieprawda. Mamy wrażliwe serca i przywiązujemy się do ludzi, którzy nieraz bywają dla nas źli i niegodziwi.

– Powiem ci, Lordzie – przerwał mu Reks – że jesteś właściwie niedelikatny. Mój przyjaciel, pan Niezgódka, był moim panem i czułem się w jego domu nie gorzej aniżeli tutaj, w psim raju. Chodź, Adasiu – dodał, zwracając się do mnie – nie każdy Lord jest prawdziwym lordem. Oprowadzę cię po naszym rajskim mieście.

Pożegnałem Lorda kwaśnym uśmiechem i udałem się z Reksem na zwiedzanie psiego raju, o którym nigdy dotąd nie słyszałem.

– Ulica, którą teraz biegniemy, nazywa się ulicą Białego Kła – mówił Reks. – Prowadzi ona od bramy wejściowej aż do placu Doktora Dolittle. Popatrz, oto jest ten plac. Stoi na nim pomnik doktora Dolittle.

Rozejrzałem się dokoła. Plac był po prostu wspaniały. Schludne jasne domki otaczały go ze wszystkich stron. Przed domkami na miękkich poduszkach leżały świeżo wykąpane szczenięta. Niektóre z nich bawiły się piłkami, inne ssały kawałki cukru, jeszcze inne łapały muchy, które dobrowolnie wpadały im do pyszczków. Pośrodku placu stał pomnik starszego pana, pod którym umocowana była tablica z napisem: Doktorowi Dolittle, dobroczyńcy i lekarzowi zwierząt, wdzięczne psy. Pomnik był cały zrobiony z czekolady i mnóstwo psów oblizywało go dookoła. Reks utorował mi drogę do pomnika. Wstyd mi się przyznać, ale zabrałem się do lizania czekolady na równi z psami, aż wreszcie odgryzłem doktorowi Dolittle połowę jego trzewika, czyli około pół kilo czekolady, którą zjadłem ze smakiem, gdyż zacząłem odczuwać głód.

– Codziennie – rzekł Reks – zjadamy cały pomnik doktora Dolittle i codziennie odbudowujemy go na nowo. Czekolady nam nie brak, jesteśmy przecież w raju.

– A gdzie mógłbym ugasić pragnienie? – zapytałem. – Bardzo chce mi się pić.

– Nic łatwiejszego! – zawołał wesoło Reks. – Jesteśmy właśnie przed moim pałacykiem. Zapraszam cię do mnie na szklankę mleka.

Domek Reksa zbudowany był z zielonych kafli. Na ganku leżały poduszki i dywany, na których wygrzewały się maleńkie mopsiki, zapewne dzieciarnia mego przyjaciela.

W ogródku na tyłach domku rosły krzaki serdelkowe i kiełbasiane. Bez trudu zerwałem sobie kawałek krakowskiej kiełbasy i dwa serdelki, które zjadłem z wielką przyjemnością. Zauważyłem nadto, że drzewka rosnące pod oknami miały zamiast konarów i gałęzi smakowite kości i zakwitały apetycznie różowym szpikiem.

Gdy rozgościliśmy się w salonie, Reks nacisnął wystający ze ściany kran, z którego – ku memu wielkiemu zdziwieniu – zamiast spodziewanej wody trysnęło do szklanek chłodzone mleko o przemiłym smaku lodów śmietankowych. Wypiłem duszkiem trzy szklanki tego świetnego napoju, po czym ruszyliśmy z Reksem w dalszą drogę.

Reks raz po raz kłaniał się rozmaitym swoim znajomym i o każdym miał zawsze coś do powiedzenia.

– Ta wyżlica to pani Nola. Nigdy nie rozstaje się z parasolką, chociaż deszczów u nas nie bywa, a słońce świeci od spodu. Ten wielki dog nazywa się Tango. Co dzień przejada się serdelkami i musi zażywać olej rycynowy. A ta para jamników to Sambo i Bimbo. Nie rozstają się nigdy i usiłują wszystkich przekonać, że krzywe nogi są najładniejsze.

Tu przerwał i po chwili rzekł do mnie szeptem:

– Uważaj! Wchodzimy teraz w ulicę Dręczycieli. Zobaczysz coś ciekawego.

Istotnie, ulica ta przedstawiała widok niezwykły. Po obu jej stronach na kamiennych postumentach stali chłopcy w różnym wieku i o rozmaitym wyglądzie. Można było rozpoznać wśród nich synów zamożnych rodziców i synów biedaków, chłopców czystych, starannie ubranych i umorusanych, rozczochranych brudasów.

Każdy z nich kolejno wyznawał psim głosem swoją winę:

– Jestem dręczycielem, gdyż memu psu Filusiowi wybiłem kamieniem oko – mówił jeden.

– Jestem dręczycielem, gdyż mego psa Dżeka wepchnąłem do dołu z wapnem – mówił drugi.

– Jestem dręczycielem, gdyż memu psu Rozetce kazałem zjeść pieprz – mówił trzeci.

– Jestem dręczycielem, gdyż mego psa Rysia szarpałem nieustannie za ogon – mówił czwarty.

W podobny sposób każdy z chłopców przyznawał się ze skruchą do przestępstw, popełnionych względem tego lub innego psa.

Jak mnie objaśnił Reks, chłopcy, którzy dręczą psy, dostają się do psiego raju podczas snu, po czym wracają do domu w przekonaniu, że wszystko to im się tylko śniło.

Jednak po takim pobycie na ulicy Dręczycieli żaden z chłopców nie dręczy już nigdy więcej swojego psa.

Byłem szczęśliwy, że udało mi się uniknąć takiej hańby, chociaż wcale nie byłem znów taki dobry dla mego Reksa i nawet pewnego razu pomalowałem go całego czerwoną farbą.

Odetchnąłem z ulgą i od razu odzyskałem humor. Toteż gdy znaleźliśmy się na placu Robaczków Świętojańskich, gdzie stały karuzele, huśtawki, beczki śmiechu i różne tak zwane psie figle, rzuciłem się wraz z innymi psami w wir zabawy.

Było mi wesoło jak nigdy dotąd, jednak głód zaczął mi doskwierać i zauważyłem, że Reks począł niespokojnie węszyć.

– Chodź – rzekł do mnie. – Zjemy coś lekkiego, a potem wrócimy do domu na serdelki.

Po czym zaprowadził mnie na ulicę Biszkoptową, gdzie leżały stosy biszkoptów maczanych w miodzie. Były tak smaczne, że nie mogłem się od nich oderwać.

– Opamiętaj się – ostrzegł mnie Reks – my jesteśmy w raju, więc nam nic nie może zaszkodzić, ale ty łatwo możesz się rozchorować.

Bardzo mnie interesowało, skąd w psim raju bierze się czekolada, biszkopty, miód i inne smakołyki; kto buduje psie domki i pomnik doktora Dolittle; skąd biorą się parasolki, kapelusze, czapraki, w które przystrajają się psy oraz ich rodziny. Uważałem jednak, że nie powinienem o to pytać, gdyż byłoby rzeczą niedelikatną wtrącanie się do rajskich spraw. Pomyślałem sobie zresztą, że na to właśnie jest raj, ażeby wszystko zjawiło się w mig i nie wiadomo skąd.

Zwiedziłem jeszcze z Reksem mnóstwo ciekawych rzeczy: psi cyrk i psie kina, ulicę Baniek Mydlanych, Zaułek Dowcipny i ulicę Konfiturową, wyścigi chartów i Teatr Trzech Pudli, hodowlę kiszek kaszanych i pasztetowych, ogródki salcesonowe, szczenięcą łaźnię oraz rozmaite inne rajskie urządzenia.

Wracając na plac Doktora Dolittle, gdzie mieszkał Reks, wstąpiliśmy jeszcze do zakładu fryzjerskiego na ulicy Syropowej. Dwaj golarze z Gór Świętego Bernarda ostrzygli nas bardzo wytwornie, po czym jeden z nich rzekł do mnie z dumą:

– Nie wiem, czy szanowny pan zauważył, że w tutejszym klimacie pchły nie trzymają się zupełnie.

– Istotnie – odrzekłem – macie tutaj rajskie życie.

Stwierdziłem ze zdziwieniem, że za strzyżenie nie zażądano od nas zapłaty, idąc więc śladem Reksa, grzecznie podziękowałem, liznąłem mego fryzjera w nos i wyszedłem na ulicę.

Słońce przygrzewało niezmiennie i, jak dowiedziałem się od Reksa, nigdy nie zachodziło. Gdy wróciliśmy do domu mego przyjaciela, kazał on swoim szczeniętom opróżnić poduszki na ganku i zaproponował mi, abym wyciągnął się obok niego. Leżeliśmy tak, mile sobie gawędząc i przyglądając się ruchowi na placu.

– Jak odróżniacie jeden dzień od drugiego – zagadnąłem Reksa – skoro słońce u was nie zachodzi i nigdy nie bywa nocy?

– Bardzo prosto – odrzekł Reks. – Gdy pomnik doktora Dolittle zostaje doszczętnie zjedzony, wiemy, że upłynął jeden dzień. Budowa nowego pomnika zabiera tyleż godzin, co jego zjedzenie. Odpowiada to razem ziemskiej dobie. W ten sposób obliczamy tutaj czas. Tydzień określamy nazwą siedmiu pomników. Trzydzieści pomników stanowi miesiąc. Rok składa się z trzystu sześćdziesięciu pięciu pomników. Na placu Tabliczki Mnożenia mieszka dwudziestu foksterierów-rachmistrzów, którzy stale są zajęci liczeniem kolejnych pomników i prowadzą kalendarz psiego raju.

Tak sobie gawędząc z Reksem, dowiedziałem się od niego rozmaitych szczegółów o pośmiertnym życiu psów.

Czułem się bardzo dobrze w jego domu, po pewnym jednak czasie zacząłem się nudzić. Sprzykrzyły mi się biszkopty, czekolada i wędliny i ogromnie zachciało mi się zjeść trochę krupniku i marchewki, którą tak pogardzałem w domu. Odczuwałem zwłaszcza brak chleba.

Biegłem myślami do Akademii pana Kleksa i z rozpaczą myślałem o tym, co by było, gdybym miał już zostać na zawsze w psim raju.

Pewnego dnia leżałem sobie w ogródku i wygrzewałem się na słońcu razem z małymi mopsikami Reksa. Nade mną zwisały z krzaków serdelki, na które patrzyłem z obrzydzeniem.

– Aga, ak! Aga, ak! – usłyszałem nagle nad sobą znajomy głos. Zerwałem się na równe nogi i ku wielkiej mej radości ujrzałem Mateusza, który siedział na gałęzi szpikowego drzewa z maleńką kopertą w dziobie.

– Mateusz! Jak się cieszę, że cię znowu widzę! – zawołałem. – Jak to dobrze, żeś po mnie przyleciał. Co za szczęście!

Mateusz sfrunął na ganek i podał mi kopertę. Był to list od pana Kleksa, który pouczał mnie, w jaki sposób mam wdychać i wydychać powietrze, aby dowolnie kierować swoim lotem.

Przemówiłem tedy w psim narzeczu do psów, które zbiegły się na widok Mateusza, podziękowałem im za gościnę i za dobre serca, uścisnąłem na pożegnanie mego drogiego Reksa i całą jego rodzinę i udałem się wraz z nim i z buldogiem Tomem do bramy wyjściowej. Mateusz leciał nade mną, wesoło pogwizdując.

Uprosiłem Toma, aby mi dał do mojej kolekcji jeden guzik od swego fraczka, po czym raz jeszcze rzuciłem okiem na psi raj i opuściłem jego gościnne progi.

Wciągnąłem powietrze do płuc znanym mi sposobem, wydąłem policzki i uniosłem się w górę.

Jakiś czas słyszałem jeszcze pożegnalne ujadanie psów, niebawem jednak psi raj począł oddalać się ode mnie, stał się jak mały niebieski obłoczek, aż wreszcie całkiem zniknął mi z oczu.

Leciałem obok Mateusza, kierując się wskazówkami, których udzielił mi w liście pan Kleks.

Po kilku godzinach lotu ujrzałem pod sobą w świetle zachodzącego słońca dachy domów i ulice naszego miasta.

– Emia uż isko! – krzyknął mi w ucho Mateusz, co znaczyło: – Akademia już blisko!

Rzeczywiście, po chwili dostrzegłem mury Akademii, park otaczający ją ze wszystkich stron i samego pana Kleksa, który wyleciał mi na spotkanie i z daleka wymachiwał rękami na powitanie.

Przed zapadnięciem mroku byliśmy już w domu.

Okazało się, że nieobecność moja trwała dwanaście dni.

Nie umiem po prostu opisać radości, jaką odczuwałem z okazji powrotu na ziemię. Koledzy nie mogli się mną nacieszyć, natomiast pan Kleks kazał mi złożyć uroczyste przyrzeczenie, że nigdy już więcej nie będę latał.

Przyrzeczenie takie złożyłem i dotrzymam go z całą pewnością.

Rozdział VII

Fabryka dziur i dziurek

Miałem zamiar opisać dokładnie przebieg jednego dnia w Akademii pana Kleksa. Opowiedziałem więc wszystko, co się dzieje od chwili naszego przebudzenia aż do południa. Opisałem lekcję kleksografii, przędzenia liter, odmalowałem kuchnię pana Kleksa, opowiedziałem o poszukiwaniu skarbów i o moich przygodach w psim raju. Od wielu dni spędzam cały wolny czas nad tym pamiętnikiem, a mimo to dobrnąłem dopiero do momentu, gdy o godzinie czwartej pan Kleks kazał wszystkim nam zebrać się przy bramie i rzekł:

– Zaprowadzę was dzisiaj na zwiedzenie najciekawszej fabryki na świecie. Ujrzycie najwspanialsze urządzenia i maszyny, przy których pracuje dwanaście tysięcy majstrów i robotników. Mój przyjaciel, inżynier Kopeć, jest kierownikiem tej fabryki i obiecał oprowadzić nas po wszystkich halach fabrycznych, abyśmy mogli przyjrzeć się pracy ludzi i maszyn. Będzie to bardzo pouczająca wycieczka. Proszę ustawić się w czwórki. Idziemy.

Anastazy otworzył bramę i ruszyliśmy w kierunku śródmieścia.

Na placu Czterech Wiatrów wsiedliśmy do tramwaju, który miał zawieźć nas do fabryki. Ponieważ dla wszyst-

kich nie wystarczyło miejsca, pan Kleks za pomocą swojej powiększającej pompki rozszerzył tramwaj o sześć brakujących siedzeń, dzięki czemu jechaliśmy bardzo wygodnie. Droga początkowo prowadziła przez miasto, po pewnym zaś czasie wydostaliśmy się na brzeg rzeki i niebawem wjechaliśmy na samogrający most. Jak nam objaśnił pan Kleks, ciężar tramwaju wprawił w ruch maszynerię mostu, dzięki czemu z ukrytych w nim trąbek popłynęły dźwięki marsza ołowianych żołnierzy. Po drugiej stronie rzeki rozrzucone było malownicze, schludne miasteczko. Były to domki robotników zatrudnionych w fabryce. Sama fabryka ukazała się naszym oczom za zakrętem, gdzie znajdował się końcowy przystanek tramwajowy. Od tego miejsca prowadziły do fabryki ruchome chodniki. Czuliśmy się na nich zupełnie jak w lunaparku, gdyż nieprzywykli do takiego środka komunikacji, nie mogliśmy utrzymać równowagi i wywracaliśmy się co chwila na ziemię.

Przeciwległym chodnikiem zbliżał się na nasze spotkanie inżynier Kopeć.

Był to wysoki, chudy, siwy pan z rozwianym włosem i kozią bródką. Stał na cienkich, długich nogach i wymachiwał cienkimi, długimi rękami. Przypominał mi bardzo stracha na wróble w podeszłym wieku.

Jednym susem przeskoczył na nasz chodnik, objął serdecznie pana Kleksa i pocałował go w obydwa policzki.

– Pozwolisz, kochany Bogumile, że ci zaprezentuję moich uczniów. Jest ich dwudziestu czterech – rzekł pan Kleks.

– Aga, ak! – rozległ się głos Mateusza z tylnej kieszeni pana Kleksa.

– A to jest mój ulubiony szpak Mateusz – dodał pan Kleks, wyjmując go z kieszeni.

Pan Bogumił Kopeć przyjrzał się nam uważnie, pogłaskał Mateusza i rzekł, bawiąc się końcem swojej bródki:

– Wielki to dla mnie zaszczyt powitać cię, mój Ambroży. Bardzo też chętnie oprowadzę twych uczniów po mojej fabryce dziur i dziurek. Tylko pamiętajcie, chłopcy – zwrócił się do nas – w fabryce nie wolno niczego dotykać.

Po tych słowach owinął lewą nogę dookoła prawej, palce obu rąk pozaplatał jak dwa warkoczyki i płynął na czele naszej gromadki na ruchomym chodniku w kierunku fabryki, do której przybliżaliśmy się z zawrotną szybkością.

Fabryka składała się z dwunastu olbrzymich budynków o przezroczystych murach i oszklonych dachach. Z daleka już można było rozpoznać potężne koła maszyn, których stukot donośnym echem rozlegał się po całej okolicy.

Gdy weszliśmy do pierwszej hali, o mało nas nie oślepiły snopy różnokolorowych iskier, tryskających z pasów transmisyjnych, elektrycznych świdrów i tokarek.

Maszyny stały długimi szeregami w kilka rzędów, inne zawieszone były na linach i dźwigach, przy wszystkich zaś uwijały się tłumy robotników ubranych w skórzane fartuchy i hełmy o czarnych szkłach.

Praca wrzała, a łoskot maszyn i narzędzi zagłuszał słowa inżyniera Kopcia, który tłumaczył coś i objaśniał piskliwym głosem.

Zdołałem dosłyszeć jedynie tyle, że w hali tej wyrabiane są dziurki od kluczy, dziurki w nosie i dziurki w uszach, jak również inne jeszcze dziurki mniejszego kalibru.

Przyglądaliśmy się z ogromnym zainteresowaniem pracy maszyn i podziwialiśmy niezwykłą wprawę tokarzy, którzy za jednym obrotem koła otrzymywali dziesięć do dwunastu prześlicznie wykończonych dziurek.

Gotowe wyroby wrzucali do małych wagoników, a po napełnieniu chwytały je specjalne ruchome dźwigi i przenosiły do składu w sąsiednim gmachu.

Pan Kleks zbliżył się do jednego z wagoników, wyjął z nosa obie zużyte swoje dziurki, wybrał sobie dwie nowe, dopiero co utoczone, i włożył je do nosa na miejsce starych. Wyglądały ślicznie, połyskiwały polerowanymi brzegami i widzieliśmy, z jaką przyjemnością pan Kleks raz po raz wyciera nos.

Pamiętając o zakazie inżyniera Kopcia, musieliśmy nieustannie pilnować Alfreda, gdyż miał ogromną skłonność do dłubania w nosie i co chwila odruchowo wyciągał palec, aby podłubać nim w dziurkach obrabianych przez tokarzy.

W następnych halach fabrycznych wyrabiane były dziury i dziurki większych rozmiarów, a więc dziury na łokciach, dziury w moście, a nawet dziury w niebie. Te ostatnie były szczególnie duże i maszyny, na których je toczono, wystawały wysoko ponad dach fabryki, a robotnicy pracujący przy nich musieli wspinać się po olbrzymich rusztowaniach.

Dziury na łokciach i na kolanach miały prześlicznie strzępione brzegi i wymagały szczególnej staranności robotników. Pan Kopeć pokazał nam różne pomysłowe rysunki i wzory, podług których młodzi inżynierowie wycinali formy służące do wyrobu tych dziur.

W jednym z pawilonów fabrycznych mieściła się sortownia, gdzie mnóstwo doświadczonych majstrów zajętych było kontrolą, pomiarami i sprawdzaniem gotowych już dziur i dziurek. Popękane, źle wypolerowane, wygięte i uszkodzone dziurki wrzucano do dużych kotłów, gdzie przetapiano je ponownie.

W ostatniej hali mieściła się pakownia. Tam specjalne robotnice ważyły dziury i dziurki na dużych wagach i pakowały je do pięcioi dziesięciokilowych skrzynek.

Inżynier Kopeć podarował nam dwie skrzynki dziurek do obwarzanków.

Po powrocie do Akademii pan Kleks upiekł dużo słodkiego waniliowego ciasta i z dziurek tych narobił dla nas mnóstwo znakomitych obwarzanków, którymi zajadaliśmy się przez cały wieczór.

Byliśmy wszyscy zachwyceni urządzeniem fabryki, nie mogliśmy wprost oderwać oczu od elektrycznych świdrów rozpalonych do czerwoności, od tokarek i wszelkiego rodzaju narzędzi, których nazw nie znaliśmy wcale.

Gdy opuściliśmy fabrykę, było już prawie ciemno. Z oddali widzieliśmy przez szklane mury fontanny iskier niebieskich, zielonych i czerwonych, które oświetlały całą okolicę jak fajerwerki.

– Z tych iskier można by przyrządzać doskonałe kolorowe potrawy – zauważył pan Kleks.

Inżynier Kopeć towarzyszył nam aż do przystanku tramwajowego, opowiadając przeróżne historie ze swego życia. Okazało się, że w chwilach wolnych od zajęć w fabryce inżynier występuje w cyrku jako linoskoczek, aby nie wyjść z wprawy w owijaniu jednej nogi dookoła drugiej.

Gdy znaleźliśmy się przy końcu ruchomego chodnika, tramwaj stał już na przystanku i cierpliwie czekał. Był to wóz wyleczony swego czasu przez pana Kleksa, dlatego na nasz widok zazgrzytał z radości kołami i nie chciał bez nas ruszyć z miejsca.

Inżynier Kopeć pożegnał się z nami bardzo serdecznie, niektórych z nas połaskotał swoją kozią bródką, po czym chwilę jeszcze rozmawiał z panem Kleksem w jakimś nieznanym języku, zdaje się, że po chińsku, gdyż jedyny wyraz, który zrozumiałem, było to nazwisko doktora Paj-Chi-Wo.

Wreszcie wsiedliśmy do tramwaju, który niezwłocznie ruszył. Pan Kleks, pragnąc uniknąć ścisku, pozostał na zewnątrz i szybował obok w powietrzu.

Przez jakiś czas jeszcze widzieliśmy stojącego na przystanku inżyniera Kopcia. Pozaplatał palce obu rąk w warkoczyki i machał nimi z daleka na pożegnanie. W ciemnościach wieczoru, na tle łuny bijącej od fabryki, długa jego postać sięgała aż pod samo niebo.

Dopiero gdy tramwaj skręcił w ulicę Niezapominajek, straciliśmy inżyniera Kopcia z oczu. Niebawem wjechaliśmy na samograjający most, który tym razem odegrał na trąbkach marsza muchomorów.

Pan Kleks, chcąc widocznie wypróbować swoje nowe dziurki w nosie, wtórował mostowi, nucąc melodię przez nos.

Gdy dojechaliśmy do placu Czterech Wiatrów, było już zupełnie ciemno, dlatego też pan Kleks rozdał nam płomyki świec, które przechowywał w kieszonce od kamizelki, i w ten sposób dotarliśmy wreszcie późnym wieczorem do naszej Akademii.

W domu czekała nas przykra niespodzianka.

Wszystkie pokoje, sale, pomieszczenia i przejścia opanowane były przez muchy.

Nieznośne te owady, korzystając z nieobecności domowników, wdarły się przez otwarte okna do wnętrza domu, obsiadły wszystkie przedmioty i sprzęty, niezliczonymi rojami unosiły się i brzęczały w powietrzu, i z całą właściwą im natarczywością rzuciły się na nas. Wdzierały się do ust i nosów, wpadały do oczu, kotłowały się we włosach, kłębiły się czarnym rojowiskiem pod sufitami, w kątach, na piecach i pod stołami. Na to, by przejść z pokoju do pokoju, trzeba było zamykać oczy, wstrzymywać oddech i opędzać się od nich obiema rękami. Nigdy dotąd nie widywałem takiego najścia much.

Leciały w bojowym szyku, jak wielkie eskadry samolotów, formowały się w klucze, w czworoboki, w pułki i nacierały z brzękiem przypominającym odgłos wojennych trąb. Wodzowie wyróżniali się rozmiarami skrzydeł, wojowniczością i odwagą. Bolesne ukłucia, zadawane mi przez tę kąśliwą nawałę, wskazywały na to, że walka prowadzona jest na śmierć i życie. W pewnej chwili do pokoju, przez który usiłowałem przebiec, wleciała z głośnym brzękiem królowa much, szybkim bzyknięciem wydała kilka krótkich rozkazów swoim wodzom, wbiła mi żądło w nos i pomknęła na inne pole walki.

Światło lamp nie mogło przedrzeć się przez tę czarną, wirującą w powietrzu chmurę. Chodziliśmy po omacku, depcząc i zabijając całe chmary obsiadających nas zewsząd much, ale wcale ich przez to nie ubywało.

Nie pomogło również wymachiwanie chustkami i ręcznikami. Na miejsce zabitych much pojawiały się nowe i nacierały na nas z większym jeszcze natręctwem.

Pan Kleks, który dotąd – fruwając po pokojach – prowadził z muchami zaciętą walkę, opadł wreszcie z sił, założył nogę na nogę i wisząc w powietrzu, zamyślił się głęboko. Muchy w jednej chwili obsiadły go w takiej ilości, że nie było go wcale spoza nich widać.

Wreszcie pan Kleks stracił cierpliwość. Wypłynął szybko przez okno i po paru minutach wrócił, niosąc w palcach pająka-krzyżaka. Przyłożył doń powiększającą pompkę i pająk szybko zaczął się powiększać. Gdy był już wielkości kota, pan Kleks wzbił się wraz z nim w górę i umieścił go na suficie. Niebawem ujrzeliśmy mnóstwo nitek zwieszających się z sufitu aż do podłogi, a po kwadransie olbrzymia pajęczyna przedzieliła pokój na dwie części. Setki i tysiące much, całe ich zgiełkliwe roje wpadały w nastawione sieci, ale nic nie było w stanie osłabić ich waleczności i bojowego ducha. Pająk rzucał się żarłocznie na złowione w pajęczynę muchy, pożerał ich szturmujące oddziały, wysysał z nich wszystkie soki, miażdżył je i tratował wielkimi włochatymi łapami, ale po krótkim czasie tak już się nimi nasycił, że działanie powiększającej pompki ustało. Pająk zaczął się zmniejszać, wrócił do swej normalnej wielkości, zmniejszyła się również jego pajęczyna i muchy w jedno okamgnienie rozszarpały go na strzępy, mszcząc się w ten sposób za klęskę swych towarzyszek. Królowa much uniosła z sobą jako trofeum krzyż, zdarty niby skalp z pleców pająka.

Wówczas pan Kleks przywołał nas do siebie i oznajmił, że właśnie przed chwilą wymyślił specjalny rodzaj muchołapki, która uwolni naszą Akademię od plagi much.

Po chwili przyniósł do sali szkolnej miednicę z wodą, paczkę gumy arabskiej, mydło i szklaną rurkę. Podczas gdy my opędzaliśmy go od much, pan Kleks rozrobił w miednicy klej razem z mydłem i za pomocą szklanej rurki zaczął wypuszczać bańki mydlane, które jedna po drugiej unosiły się w powietrze.

Zastosowanie tych muchołapek dało nadzwyczajne wyniki.

Muchy oblepiały ze wszystkich stron kleistą powierzchnię baniek i nie mogąc się już oderwać, razem z nimi opadały na podłogę. Pan Kleks nie ustawał w pracy. Wypuszczał coraz to nowe bańki, my zaś pochwyciliśmy miotły i żwawo wymiataliśmy stosy czarnych od much muchołapek.

Niebawem wszystkie pokoje, sale, pomieszczenia i korytarze zapełniły się mydlanymi bańkami pana Kleksa.

Muchy rzucały się na ich tęczową, zdradliwą powierzchnię i chmarami przylepiały się do nich. Żadnej nie udało się uniknąć tego żałosnego losu. Pan Kleks dmuchał w rurkę bez przerwy i po godzinie w całej Akademii nie było już ani jednej muchy, tylko kilkanaście prześlicznie mieniących się baniek tu i ówdzie unosiło się jeszcze nad naszymi głowami.

Wymiecione przez nas muchy poukładaliśmy na dziedzińcu w wysokie sterty i dopiero nazajutrz rano trzy ogromne ciężarówki, przysłane z Zakładu Oczyszczania Miasta, uprzątnęły to obrzydliwe cmentarzysko.

Tak zakończyła się wojna pana Kleksa z muchami.

W tym wszystkim jedna rzecz wprawiła nas w zdumienie: gdy znaczna część much była już wytępiona, spoza ich czarnych rojów wyłoniła się postać fryzjera Filipa, który spał na otomanie w gabinecie pana Kleksa. Początkowo nie zauważyliśmy go zupełnie, tak był oblepiony przez muchy, kiedy jednak wreszcie dostrzegł go któryś z chłopców, nie mogliśmy wyjść z podziwu, że najście much, które go szczelnie obsiadły, nie zdołało zakłócić jego snu. Jedynie głośne, przerywane chrapanie pozwalało się domyślać, że nie był to sen przyjemny ani błogi.

Po wytępieniu much pan Kleks obudził Filipa, kazał nam wyjść z gabinetu, zamknął drzwi na klucz i odbył z Filipem długą, tajemniczą rozmowę.

Gdy po pewnym czasie drzwi otworzyły się, Filip wyszedł bardzo wzburzony i oświadczył panu Kleksowi podniesionym głosem:

– Od dzisiaj proszę sobie znaleźć innego fryzjera. Nie będę więcej strzygł ani pana, ani pańskich uczniów. Dosyć mam już wyczekiwania i obietnic. Przyprowadzę go w tym tygodniu. I to nieodwołalnie. Dla niego miała być ta Akademia, a nie dla tej całej pańskiej hałastry! Żegnam pana, panie Kleks.

I nie zwracając na nas uwagi, wyszedł z Akademii, trzaskając po drodze wszystkimi drzwiami.

Po chwili doleciał nas z parku jego przeraźliwy śmiech. W świetle księżyca widzieliśmy przez okno, jak przesadził bramę i pobiegł ulicą Czekoladową w kierunku miasta.

Późną nocą zasiedliśmy do kolacji. Pan Kleks przez cały czas nad czymś rozmyślał i był tak roztargniony, że kalafiory, które dla nas przyrządził, miały czarny kolor i smakiem przypominały pieczone jabłka.

Po kolacji pan Kleks wezwał do siebie dwóch Andrzejów i kazał im zanieść do naszej sypialni dwa łóżka i pościel, gdyż, jak oznajmił, spodziewa się w każdej chwili dwóch nowych uczniów.

Gdy Andrzeje wykonali to polecenie, udaliśmy się do sypialni i pogrążyliśmy się niebawem w głębokim śnie.

Na tym kończy się opis jednego dnia, spędzonego przeze mnie w Akademii pana Kleksa.

Rozdział VIII

Sen o siedmiu szklankach

Dzień pierwszego września obfitował w wydarzenia o niezwykłej doniosłości. Była to niedziela i każdy z nas mógł robić, co mu się tylko podobało. Artur uczył swego tresowanego królika rachować, Alfred wycinał fujarki, Anastazy strzelał z łuku, jeden z Antonich, klęcząc nad wielkim mrowiskiem, obserwował życie mrówek, Albert zbierał kasztany i żołędzie, ja zaś bawiłem się moimi guzikami i układałem z nich rozmaite figury i postacie.

Pan Kleks był nie w humorze. W ogóle stracił humor od czasu owej kłótni z Filipem. Nie przypuszczałem, że Filip może być kimś ważnym w życiu pana Kleksa i że ten fryzjer i dostawca piegów ma prawo podnosić na niego głos i trzaskać drzwiami. Pan Kleks nie mylił się, że Filip chyba zwariował. Jednak w Akademii od tego dnia coś się zmieniło.

Pan Kleks przygarbił się nieco, chodził zamyślony i po całych dniach zajęty był reperowaniem swojej powiększającej pompki. Coraz częściej podczas wykładów wyręczał się Mateuszem, w kuchni przez roztargnienie przypalał potrawy i malował je na nieodpowiednie kolory, a na każdy odgłos dzwonka przy bramie podbiegał do okna i nerwowo szarpał brwi.

Gdy owego dnia, który opisuję, ułożyłem z moich guzików pięknego zająca, pan Kleks nachylił się nade mną i posypał ułożoną figurę brązowym proszkiem. Zając nagle poruszył się, pobiegł w kierunku drzwi i uciekł, unosząc z sobą moje guziki.

Panu Kleksowi spodobał się widać bardzo ten żart, gdyż zaczął się głośno śmiać, natychmiast jednak posmutniał na nowo i rzekł:

– Cóż z tego, że znam się na kolorowych proszkach, na farbach i na szkiełkach, kiedy nie mogę sobie poradzić z tym nieznośnym Filipem. Przeczuwam, że będę miał przez niego mnóstwo zgryzot i przykrości. Po prostu uwziął się na mnie.

Zdziwiły mnie słowa pana Kleksa, gdyż nie wyobrażałem sobie, aby taki wielki człowiek nie mógł sobie z kimkolwiek poradzić.

Pan Kleks, zgadując moje myśli, przybliżył się do mnie i dalej mówił szeptem:

– Tobie jednemu mogę to wyznać, bo jesteś moim najlepszym uczniem. Filip domaga się, abym przyjął do Akademii dwóch jego synów. Powymyślał dla nich nowe imiona, które zaczynają się na literę A, i grozi mi, że w razie ich nieprzyjęcia odbierze nam wszystkie piegi. W dodatku ostatnio zwariował i robi mi na złość, i nie przestaje się śmiać. Zobaczysz, że ta historia bardzo żałośnie się skończy.

Po tych słowach wyjął z kieszeni garść guzików, rzucił je na podłogę tak zręcznie, że same ułożyły się w figurę mego zająca, i wyszedł z pokoju, kurcząc się i podskakując na jednej nodze.

Ta rozmowa tak mnie zaintrygowała, że postanowiłem odszukać Mateusza i wypytać go o szczegóły dotyczące stosunków pana Kleksa z Filipem.

Mateusz spędzał zazwyczaj niedziele w bajce o słowiku i róży, dokąd latał na naukę słowiczego śpiewu. Udałem się więc do parku w nadziei, że dostrzegę go w chwili, gdy będzie wracał do Akademii.

W parku uderzyło mnie jakieś osobliwe poruszenie i szelesty. Pożółkłe już nieco poszycie parku wrzało, krzaki chwiały się, trawa się kołysała, nie ulegało wątpliwości, że strumień niewidzialnych istot przesuwa się spodem parku, omijając drogi i ścieżki.

Pobiegłem w kierunku owego ruchu i kiedy zbliżyłem się do stawu, zrozumiałem, co zaszło. Cała woda była spuszczona, ryby trzepotały się rozpaczliwie na suchym dnie, a nieprzejrzane szeregi żab i raków wyruszyły w świat w poszukiwaniu jakiejś nowej, odpowiedniej siedziby.

Towarzyszyłem im przez pewien czas, podziwiając zwłaszcza żaby, które w zgodnych podskokach, nie robiąc sobie nic z mojej obecności, zdążały za przewodniczką. Kiedy podszedłem do niej, aby się jej przyjrzeć, zobaczyłem, że ma złotą koronę na głowie, i domyśliłem się od razu, że to Królewna Żabka, którą już niegdyś widziałem.

– Poznaję cię, chłopcze, byłeś niedawno w mojej bajce i zachowałam o tobie miłe wspomnienie. Czy widzisz, co się stało? Pan Kleks z niewiadomych powodów zabrał całą wodę ze stawu, pozostawiając wszystkie żaby, ryby i raki na pastwę losu. Postanowiłam nieść im ratunek i dlatego opuściłam mój podziemny pałac. Chociaż jestem z innej bajki, ale żaba łatwiej zrozumie żabę niż pana Kleksa. Nic też dziwnego, że moje rodaczki z waszego stawu poszły za mną.

– A dokąd je prowadzisz, Królewno Żabko? – zapytałem wzruszony jej słowami.

– Nie jestem jeszcze całkiem zdecydowana – odrzekła. – Mogę zaprowadzić je do jeziora z bajki o zaklętym jeziorze albo do stawu z bajki o zielonej wodnicy.

– My chcemy do stawu! – zarechotały chórem żaby. Skakały przy tym tak wysoko, że pochód ich przypominał żabi cyrk, jeśli taki gdziekolwiek istnieje.

Raki wędrowały w milczeniu w pewnym odstępie. Nie wydawały żadnych dźwięków, z trudem tylko powłóczyły kleszczami. Była ich nieprzebrana wprost ilość, niemal tyleż co żab, a może nawet jeszcze więcej. Niektóre spośród nich, zapewne z wysiłku i ze zmęczenia, porobiły się zupełnie czerwone, jakby je kto polał wrzątkiem.

Nie mogłem oderwać oczu od tego widoku, przypomniałem sobie jednak o nieszczęśliwych rybach, pozostawionych bez wody, przeprosiłem więc Królewnę Żabkę i chciałem już odejść, lecz zatrzymał mnie jej błagalny głos:

– Adasiu, zaczekaj jeszcze! Czy pamiętasz, jak podczas twej bytności w moim pałacu pozwoliłam ci zabrać ze skrzyni złoty kluczyk? Bez niego nie będę się teraz mogła dostać ani do bajki o zaklętym jeziorze, ani do bajki o zielonej wodnicy, a przecież tylko w bajce może się znaleźć miejsce dla moich żab i raków. Byłam już w wielkim kłopocie z tego powodu, ale skoro los zesłał mi ciebie, błagam cię, zwróć mi złoty kluczyk, a ocalisz wszystkie stworzenia, które tu widzisz.

– Kluczyk? – rzekłem. – Kluczyk? Ależ tak, oczywiście, chętnie ci go zwrócę, królewno. Nie pamiętam tylko, gdzie go schowałem. Zdaje się, że zabrał go pan Kleks. Poczekaj chwilę, zaraz do ciebie wrócę.

Nie wiedziałem, do czego wpierw mam się zabrać. Żal mi było żab, które słabły już wskutek braku wody, ale bardziej jeszcze niepokoiłem się o ryby. Pobiegłem co sił do Akademii, zebrałem kilku chłopców, którzy nawinęli mi się po drodze, opowiedziałem im o tym, co zaszło, i namówiłem ich, aby zajęli się losem ryb.

Pana Kleksa żaden z nich nie widział, zacząłem go tedy szukać po całej Akademii. Nie mogąc go znaleźć ani na dole, ani w jego pokoju, wpadłem do szpitala chorych sprzętów.

Rozejrzałem się po sali. Tak. Pan Kleks był tam, ale to, co robił, przechodziło po prostu ludzkie wyobrażenie. Nie większy od Tomcia Palucha, wisiał uczepiony rękami i nogami u wahadła zegara i huśtał się na nim jak na huśtawce, powtarzając raz po raz głośno:

– Tik-tak, tik-tak, tik-tak.

W tej samej chwili zegar zaczął wydzwaniać godzinę i pan Kleks zawtórował mu dźwięcznym basem:

– Bim-bam-bom.

Na mój widok przerwał huśtanie, zeskoczył na podłogę, rozkurczył się, rozprostował i jakby na poczekaniu urósł.

– Zawsze musicie mi przeszkadzać! – rzekł rozdrażnionym głosem. – O co chodzi? Przecież widzisz, że uczę zegar mówić.

Natychmiast jednak opanował się i rzekł uprzejmie, jak zazwyczaj:

– Przykro mi, Adasiu, że robisz takie zdziwione oczy. Ach, to wszystko wina tego podłego Filipa. Chce mnie po prostu zniszczyć. Wszystko się we mnie psuje i coraz trudniej zachować mi normalny wzrost. Dosłownie maleję z dnia na dzień. A teraz mam nowe zmartwienie: płomyki świec zaczęły mnie tak parzyć od pewnego czasu, że dzisiaj musiałem powyrzucać je z kieszeni i zalać wodą ze stawu. Fatalne to wszystko, fatalne! Nie opowiadaj tego nikomu, bo stracę do ciebie zaufanie. Czego sobie życzysz ode mnie? Po co przyszedłeś?

Opowiedziałem panu Kleksowi, jak żałosne w swych skutkach było spuszczenie stawu, powiadomiłem go o wymarszu żab i raków i poprosiłem o wydanie mi złotego kluczyka, który – jak domyślałem się – schował w bezdennych kieszeniach swych spodni.

Pan Kleks sposępniał.

– Szkoda, wielka szkoda! – rzekł po chwili. – Żaby nie będą nam więcej układały swoich wierszyków. Ale nie miałem przecież innego wyjścia. Musiałem ugasić płomyki świec, w przeciwnym bowiem razie cała Akademia byłaby poszła z dymem. Potrzebna mi jest koniecznie ogniotrwała kieszeń. A co się stanie z rybami? Może uda mi się wymyślić jakiś ratunek dla nich... Aha, prawda! Chciałeś, abym ci oddał kluczyk... Zaraz...

Mówiąc to, pan Kleks zaczął skrupulatnie przeszukiwać kieszenie.

– Muszę ci wyznać – zauważył szeptem – że mam jeszcze jedną zgryzotę. Od czasu kłopotów z Filipem pozarastała mi większość moich kieszeni. Nie mogę już wcale do nich się dostać. Ale kluczyk szczęśliwie znalazłem. Masz, zanieś go Królewnie Żabce, pozdrów ją ode mnie i przeproś za spuszczenie stawu.

Po tych słowach pan Kleks uczepił się znowu wahadła i jął się bujać na nim, powtarzając za każdym odchyleniem:

– Tik-tak, tik-tak, tik-tak.

Pobiegłem z kluczykiem do parku i złożyłem go u stóp Królewny Żabki.

– Jestem ci niezmiernie wdzięczna – rzekła królewna. – Biorę ten kluczyk, ale nie sądź, że będziesz pokrzywdzony.

W zamian za to otrzymasz ode mnie Żabkę Podajłapkę. Będzie ci ona pomocna we wszystkich sprawach, które przedsięweźmiesz.

Po tych słowach królewna powiedziała kilka słów po żabiemu i po chwili z tłumu otaczających ją żab wyskoczyła żabka nie większa od muchy. Miała barwę jasnozieloną i lśniła, jakby była pokryta emalią.

– Weź ją sobie – rzekła królewna. – Najlepiej ukryj ją we włosach i dawaj jej codziennie jedno ziarnko ryżu.

Wziąłem Żabkę Podajłapkę i posadziłem ją sobie na głowie. Wśliznęła się natychmiast pomiędzy włosy, a była tak mała, że wcale jej nie poczułem.

Następnie podziękowałem królewnie, pożegnałem ją z wielkim szacunkiem i przeskakując przez gromady żab i raków, pobiegłem nad staw. Zastałem tam już pana Kleksa w otoczeniu kilkunastu uczniów. Wyglądał tak jak zazwyczaj, tylko był znowu cokolwiek mniejszy.

Na polecenie pana Kleksa chłopcy powrzucali ciężko dyszące ryby do wielkich koszów sprowadzonych z lamusa.

– Za mną – rzekł pan Kleks.

Ruszyliśmy za nim, uginając się pod ciężarem koszów, minęliśmy kasztanową aleję i malinowy chruśniak, a po niejakim czasie, przedzierając się przez gąszcze drzew, dotarliśmy do muru bajek. Pan Kleks zatrzymał się przed furtką z napisem: Bajka o rybaku i rybaczce i otworzył kłódkę. Z daleka już ujrzeliśmy rybaka, który stał na brzegu morza i łowił niewodem ryby. Powitał nas bardzo serdecznie i uśmiechnął się życzliwie, nie wyjmując z ust glinianej fajeczki.

Wyrzuciliśmy ryby z koszów do wody, a potem, idąc za radą rybaka, skorzystaliśmy ze sposobności i wykąpaliśmy się w morzu, gdyż dzień był nadzwyczaj ciepły.

Gdy wróciliśmy do parku, nie było już ani żab, ani raków, a po dnie stawu spacerowały ślimaki, bawiąc się w wilgotnym mule.

Zamierzaliśmy już wracać do domu na obiad, gdy naraz ujrzeliśmy nad sobą Mateusza. Niezwykle podniecony krążył nad naszymi głowami i wołał na cały głos:

– Aga, onik! Aga, onik!

Pan Kleks pierwszy zrozumiał i jął wpatrywać się w niebo. Po chwili i on również zawołał:

– Uwaga, balonik!

Istotnie, mały punkcik, wiszący wysoko w górze, począł przybliżać się coraz bardziej, aż wreszcie zupełnie wyraźnie można było rozróżnić niebieski balonik z umocowanym u spodu koszyczkiem.

Pan Kleks ucieszył się ogromnie i zacierając z zadowolenia ręce, raz po raz powtarzał:

– Moje oko wraca z księżyca!

Balonik opadał coraz szybciej, a gdy już był na wysokości ramienia, pan Kleks wyjął z koszyczka swoje oko, zerwał z prawej powieki plaster i włożył oko na miejsce.

– Nie! No, coś podobnego! – wołał z zachwytem. – Tego jeszcze nikt nie widział! Co za cuda!

Co za cuda! Widzę życie na księżycu! Takiej bajki jeszcze nikt dotąd nie wymyślił!

Z zazdrością patrzyliśmy na pana Kleksa, który stał jak urzeczony i upajał się księżycowymi widokami, dostarczonymi mu przez wszechwidzące oko.

Opanował się wreszcie i rzekł do nas:

– Historią o księżycowych ludziach zaćmię wszystkie dotychczasowe bajki. Ale na to przyjdzie czas.

– A może pan profesor opowie nam ją teraz? – odezwał się Anastazy.

– Na wszystko musi być odpowiednia pora – odrzekł pan Kleks. – Teraz pójdziemy do domu na obiad, a po obiedzie odczytam wam z sennika mojej Akademii sen, który się przyśnił Adasiowi Niezgódce.

Chłopcy ucieszyli się bardzo tą wiadomością.

Szybko tedy zjedliśmy obiad, po czym zebraliśmy się w sali szkolnej.

Pan Kleks siadł przy katedrze, otworzył wielką księgę, zawierającą opisy najpiękniejszych snów, i zaczął czytać:

SEN O SIEDMIU SZKLANKACH

Śniło mi się, że się zbudziłem.

Pan Kleks poprzemieniał w chłopców wszystkie krzesła, stoły i stołki, łóżka, ławki i wieszadła, szafy i półki, tak że łącznie z uczniami Akademii było nas przeszło stu.

– Zawiozę was dzisiaj do Chin – oświadczył pan Kleks.

Gdy wyjrzałem przez okno, ujrzałem stojący przed domem maleńki pociąg, złożony z pudełek od zapałek, przyczepionych do czajnika zamiast lokomotywy. Czajnik był na kółkach i buchała zeń para.

Powsiadaliśmy do maleńkich tych wagoników i okazało się, że wszyscy pomieściliśmy się w nich doskonale.

Pan Kleks siadł na czajniku i pociąg nasz miał już ruszyć, gdy nagle na niebie nad nami rozpostarła się ogromna czarna chmura. Zerwał się wicher, który powywracał pudełka od zapałek. Zapowiadała się straszliwa burza.

Wobec tego pobiegłem do kuchni, wziąłem siedem szklanek, ustawiłem je na tacy, z komórki porwałem drabinę i wróciłem przed dom.

Pan Kleks usiłował rękami powstrzymać parę, która wydobywała się z czajnika i łączyła się z chmurami.

– Ratuj, Adasiu, mój pociąg! – wołał pan Kleks, podskakując wraz z pokrywką czajnika.

Nie oglądając się na nikogo, przystawiłem drabinę do dachu Akademii i trzymając w lewej dłoni tacę z siedmioma szklankami, wdrapałem się na najwyższy szczebel drabiny.

Gdy tylko znalazłem się na szczycie, drabina zaczęła się wydłużać tak szybko, że niebawem dotarła do czarnej chmury i oparła się o jej brzeg.

Niewiele myśląc, schwyciłem w dłoń łyżkę, którą zabrałem z kuchni, i jąłem nią rozgarniać chmurę.

Najpierw zebrałem z wierzchu cały deszcz i wlałem go do pierwszej szklanki. Następnie zeskrobałem pokrywający chmurę śnieg i wsypałem do drugiej szklanki. Do trzeciej szklanki wrzuciłem grad, do czwartej – grzmot, do piątej – błyskawicę, do szóstej – wiatr.

Gdy napełniłem w ten sposób wszystkie sześć szklanek, okazało się, że zebrałem łyżką całą chmurę, tak jak zbiera się kożuch z mleka, i że niebo dzięki temu już się wypogodziło.

Nie wiedziałem tylko, do czego służyć ma siódma szklanka.

Zbiegłem szybko po drabinie na sam dół, ale w miejscu, gdzie stał pociąg pana Kleksa, nikogo już nie zastałem, gdyż wszyscy chłopcy przemienili się przez ten czas w srebrne widelce, które rzędem leżały na ziemi.

Został tylko pan Kleks, zajęty w dalszym ciągu swoim czajnikiem i usiłujący palcem zatkać jego dzióbek.

Ustawiłem tacę z siedmioma szklankami na trawie i nakryłem ją chustką tak, jak to czynią cyrkowi sztukmistrze.

– Coś ty narobił! – rzekł do mnie wreszcie pan Kleks. – Ukradłeś chmurę. Odtąd już nigdy nie będzie deszczu ani śniegu, ani nawet wiatru. Wszyscy będziemy musieli zginąć od posuchy i upału.

Rzeczywiście, w górze nad nami wisiał przeczysty błękit i nagle zorientowałem się, że jest to emaliowany niebieski czajnik, zupełnie taki sam, na jakim siedział pan Kleks, tylko wielkości całego nieba. Z czajnika sączyło się na ziemię słońce, a raczej złocisty wrzątek, który parzył nas niemiłosiernie.

Pan Kleks, nie mogąc znieść takiego upału, zaczął szybko rozbierać się, ale miał na sobie tyle surdutów, że zdejmowanie ich nie miało końca. Kiedy zobaczyłem, że głowa jego zaczęła się tlić i z włosów buchnął dym, porwałem z tacy szklankę z deszczem i wylałem ją na pana Kleksa. Równocześnie lunął rzęsisty deszcz, tylko że padał tym razem nie z góry na dół, lecz z dołu do góry.

Wyglądało to tak, jak fontanna tryskająca z ziemi.

– Śniegu! – wołał pan Kleks. – Śniegu, bo spłonę doszczętnie!

Schwyciłem wobec tego szklankę ze śniegiem i wybierając śnieg łyżką, jąłem okładać nim głowę pana Kleksa.

Skutek był zdumiewający, gdyż śnieg począł mnożyć się z taką szybkością, że pokrył cały park. W tej samej chwili spod śniegu wyskoczyły wszystkie srebrne widelce i wirując jak opętane, zabrały się do rzucania kulami ze śniegu. W widelcach rozpoznawałem raz po raz to Artura, to Alfreda, to Anastazego, to znowu jakiegoś innego kolegę.

Widelce swoim zawrotnym tańcem w śniegu podniosły taką śnieżycę, że po prostu nic nie było widać. Wpadłem tedy na pomysł, aby śnieg zdmuchnąć za pomocą wiatru. Wziąłem więc szklankę z wiatrem, który wyglądał jak rzadki, niebieskawy krem, i wygarnąłem go jednym zamachem łyżki.

Takiego wiatru nigdym dotąd nie widział. Dął jednocześnie we wszystkich kierunkach, unosząc ze sobą wszystko, co tylko napotkał na drodze. Śnieg rozwiał się natychmiast, a srebrne widelce, uniesione w górę, zawisły w niebie jak gwiazdy. Zrobiło się bardzo zimno. Spojrzałem na pana

Kleksa i w pierwszej chwili nie poznałem go wcale. Przeistoczył się w bałwana ze śniegu i wesoło podśpiewywał:

Jedzie mróz, jedzie mróz.
Wiezie śniegu cały wóz!

Pomyślałem, że pan Kleks odmroził sobie rozum, dlatego też wziąłem czajnik z wrzątkiem i wylałem całą jego zawartość na głowę pana Kleksa.

Śnieg natychmiast stopniał, znowu się ociepliło i pan Kleks zaczął rozkwitać.

Naprzód wypuścił liście, potem pączki, aż wreszcie cała jego głowa i ręce pokryły się pierwiosnkami. Zrywał je z siebie i zjadał z apetytem, przyśpiewując:

Gdy się kwiatków dobrze najem,
Grudzień znów się stanie majem.

Po chwili jednak stracił humor, a to z tego powodu, że pszczoły, zwabione kwiatami na głowie pana Kleksa, obsiadły go ze wszystkich stron i niejedna musiała zapuścić żądło w jego ciało, gdyż począł żałośnie jęczeć.

Gdy po pewnym czasie pszczoły odleciały, głowa pana Kleksa wyglądała jak wielki bąbel, a z oczu jego ciekły duże krople gęstego miodu.

Wziąłem tedy z tacy czwartą szklankę, w której mieścił się grad. Wyglądało to tak, jakby do szklanki włożył ktoś garść grubego śrutu.

Wysypałem na dłoń kilka ziarnek gradu i wcierałem je w głowę pana Kleksa. Musiał doznać nadzwyczajnej ulgi, gdyż zdjął głowę z karku i rzucił mi ją jak piłkę. Odrzuciłem mu ją z powrotem w przekonaniu, że grę w piłkę lubi tak samo jak ja. Tymczasem pan Kleks, nie mogąc widzieć własnej lecącej ku niemu głowy, tak niezręcznie nadstawił ręce, że głowa potoczyła się w innym kierunku, odbiła się kilka razy od ziemi i znikła w zaroślach.

Zapytałem pana Kleksa, jak się czuje bez głowy, ale nic mi nie odpowiedział, gdyż nie miał czym.

W tym czasie właśnie emaliowany czajnik w górze odwrócił się zakopconym dnem na dół i naraz zapadła ciemność, w której tylko srebrne widelce migotały wesoło.

Pan Kleks stał bez głowy, bezradnie wymachując rękami.

Wyjąłem tedy z piątej szklanki błyskawicę, wygiąłem ją na kształt laski i świecąc nią sobie, udałem się na poszukiwanie głowy pana Kleksa.

Znalazłem ją wśród pokrzyw. Była cała poparzona, co wcale nie przeszkadzało jej podśpiewywać:

Poparzyły mnie pokrzywy,
Taki jestem nieszczęśliwy!

Zwróciłem panu Kleksowi głowę, błyskawicę zaś wetknąłem obok w ziemię. Dawała tyle światła, że było widno jak w dzień.

– Chętnie bym coś zjadł – powiedział pan Kleks.

Niestety, jedyną rzeczą, którą posiadałem, była szklanka z grzmotem.

– Doskonale! – zawołał pan Kleks. – Nie znam nic smaczniejszego od grzmotu. Przynieś go tutaj.

Wyjąłem grzmot ze szklanki i podałem panu Kleksowi. Była to piękna czerwona kula, przypominająca owoc granatu.

Pan Kleks wydobył z kieszeni scyzoryk, pokrajał grzmot na ćwiartki, obrał ze skórki i zjadł z ogromnym apetytem, oblizując się smakowicie.

Po chwili jednak rozległ się potężny huk i pan Kleks, rozsadzony od środka, rozerwał się na tysiąc drobnych cząsteczek. Właściwie każda taka cząsteczka była samodzielnym małym panem Kleksem, a wszystkie tańczyły wesoło na trawie i śmiały się cieniutkimi głosikami.

Wziąłem jedną z tych śmiejących się cząsteczek, włożyłem do siódmej, pustej szklanki, stojącej na tacy, i zaniosłem do kuchni.

Nagle przez otwarty lufcik wdarły się z głośnym brzękiem srebrne widelce, osaczyły mnie ze wszystkich stron, a dwa spośród nich, zdaje się, że Antoni i Albert, usiłowały dostać się do szklanki, gdzie był maleńki pan Kleks.

Ratując go przed widelcami, szybko wstawiłem szklankę do kredensu i mocno zatrzasnąłem drzwiczki.

W tej samej chwili obudziłem się.

Ujrzałem nad swoim łóżkiem prawdziwego pana Kleksa, który stał wpatrzony w moje senne lusterko, szarpał sobie brwi i mówił sam do siebie:

– Sen o siedmiu szklankach... Sen o siedmiu szklankach... No, no!

ROZDZIAŁ IX

Anatol i Alojzy

Przez cały wrzesień lały ulewne deszcze. Na krok nie wychodziliśmy z domu, zabawy w parku i gry na boisku ustały zupełnie, pan Kleks posmutniał i stał się dziwnie małomówny, jednym słowem – wyraźnie zaczęło się coś psuć w naszej Akademii.

Któregoś wieczoru pan Kleks oświadczył nam, że życie bez motyli i bez kwiatów bardzo go nuży i że wskutek tego musi zacząć wcześniej chodzić spać.

Pożegnaliśmy się tedy z panem Kleksem i udaliśmy się do naszej sypialni.

– Nudno mi – rzekł jeden z Aleksandrów.

– A ja wam coś powiem – odezwał się nagle Artur – pan Kleks ma jakieś wyraźne zmartwienie. Czy żaden z was nie zauważył, że stał się trochę mniejszy, niż był dotychczas?

– Istotnie! – zawołał jeden z Antonich. – Pan Kleks maleje.

– A może mu się popsuła jego powiększająca pompka? – zapytał Anastazy.

Nie brałem udziału w rozmowie, gdyż byłem bardzo senny. Położyłem się więc do łóżka i usnąłem natychmiast.

Śniło mi się, że jestem młotkiem i że pan Kleks rozbija mną po kolei wszystkie moje guziki. Uderzenia młotka rozlegały się po całej Akademii i wzmogły się do tego stopnia, że wreszcie się obudziłem, ale uderzenia nie ustały. Począłem więc nasłuchiwać. Nie ulegało wątpliwości, że owo stukanie dolatywało z parku i że ktoś wali w wejściową bramę.

Obudziłem natychmiast Anastazego, narzuciliśmy płaszcze i świecąc latarkami, pobiegliśmy do parku. Za bramą stał fryzjer Filip w towarzystwie dwóch jakichś nieznanych chłopców. Wszyscy trzej przemoczeni byli do ostatniej nitki i deszcz ociekał z nich strumieniami. Anastazy otworzył bramę i wpuścił niezwykłych nocnych gości.

– Nowi uczniowie pana Kleksa! – zawołał Filip, zanosząc się od śmiechu. – Przyszłe znakomitości słynnej Akademii, cha-cha! Jeden ma na imię Anatol, a drugi Alojzy.

Obydwaj na A, cha-cha! Anatolu, przedstaw się kolegom, bądź dobrze wychowany!

Młodzieniec nazwany Anatolem ukłonił się nam, mówiąc:

– Jestem Anatol Kukuryk. A to jest mój młodszy brat Alojzy. – Z tymi słowy wskazał dłonią na drugiego chłopca, którego obaj z Filipem trzymali pod ręce.

– Bardzo nam przyjemnie panów poznać – rzekł z galanterią Anastazy. – Niepotrzebnie jednak stoimy na deszczu. Panowie pozwolą za mną.

Udaliśmy się wszyscy do Akademii, pozostawiliśmy w sieni zmoczone okrycia, po czym Anastazy wprowadził gości do jadalni i usadowił ich przy stole. Byli widać bardzo zmęczeni, gdyż Alojzy natychmiast usnął i kiwał się na krześle jak chińska figurynka.

Filip przestał się śmiać i oznajmił, że miał zamiar przyprowadzić Anatola i Alojzego do Akademii przed wieczorem, ale zabłądził po drodze i wskutek tego dopiero po północy zdołał odszukać ulicę Czekoladową.

– Jesteście pewno, panowie, głodni – rzekłem. – Będę musiał obudzić pana Kleksa i zawiadomić go o przybyciu panów.

– Koniecznie trzeba obudzić pana Kleksa! – zawołał Filip, śmiejąc się znowu. – Mam dla niego świeżutkie piegi, cha-cha! Bardzo chcielibyście zobaczyć pana Kleksa, cha--cha! Nieprawdaż, Anatolu?

– Będzie to dla mnie wielki zaszczyt – odrzekł grzecznie Anatol.

Wobec tego pobiegłem czym prędzej na górę i zapukałem do sypialni pana Kleksa. Ponieważ nikt nie odpowiedział, zapukałem powtórnie, potem jeszcze raz. Ale pan Kleks miał widocznie bardzo mocny sen albo też w ogóle nie chciał się obudzić. Nacisnąłem klamkę. Drzwi były zamknięte na klucz. Sądziłem, że może Mateusz usłyszy moje stukanie, na próżno jednak w dalszym ciągu dobijałem się do drzwi – nikt mi nie odpowiadał.

Postanowiłem więc sam pójść do kuchni i przyrządzić kolację dla chłopców i dla Filipa. Znalazłem w spiżarni dzbanek z mlekiem, pieczywo, masło, trochę sera, kurę na zimno. Ustawiłem to wszystko na tacy i sięgnąłem do kredensu po talerze i szklanki. Naraz w jednej ze szklanek dostrzegłem coś szarego. W przekonaniu, że to mysz, nakryłem szklankę dłonią i zbliżyłem do światła. To, co zobaczyłem, napełniło mnie przerażeniem. W szklance siedział pan Kleks. Maleńki pan Kleks. Wyraźnie rozpoznałem jego głowę, jego dziwaczny strój, nawet piegi na jego nosie. Siedział na dnie szklanki i spał.

Wyjąłem go delikatnie dwoma palcami i położyłem na talerzyku. Zetknięcie z chłodną porcelaną obudziło pana Kleksa. Zerwał się na równe nogi, szybko rozejrzał się dookoła, po czym wydobył z kieszeni powiększającą pompkę i przyłożył ją do ucha. Niebawem też zaczął się powiększać, zeskoczył z talerzyka na krzesło, potem na podłogę, a po paru chwilach stał się normalnym, zwykłym panem Kleksem.

Byłem tym wydarzeniem zupełnie oszołomiony i nie wiedziałem, jak się zachować.

Pan Kleks przyglądał mi się uważnie przez jakiś czas, aż wreszcie rzekł do mnie surowo:

– To wszystko tylko ci się śniło! Rozumiesz? Idiotyczny, głupi sen! Po prostu jakieś brednie! Zabraniam ci o tym śnie opowiadać komukolwiek. Pan Kleks ci zabrania! I żeby mi się więcej takie sny nie powtarzały! Pamiętaj!

Przeprosiłem pana Kleksa, bo cóż innego miałem uczynić, po czym oznajmiłem mu o przybyciu Filipa z dwoma chłopcami.

– Poradźcie sobie beze mnie – rzekł pan Kleks. – Daj im kolację i niech idą spać, a rano z nimi porozmawiam.

Filip może położyć się w moim gabinecie na otomanie. Dobranoc.

Po tych słowach wyszedł, trzasnąwszy za sobą drzwiami. Wybiegłem za nim i widziałem, jak po poręczy wjeżdżał na górę.

„Coś się psuje w Akademii" – pomyślałem. Wróciłem do kuchni, wziąłem tacę z kolacją i zaniosłem ją do jadalni.

Alojzy spał w dalszym ciągu. Filip i Anatol zabrali się do jedzenia, nie zwracając na niego uwagi.

– Może obudzić pańskiego brata? – zagadnął Anastazy Anatola. – Pewno jest bardzo głodny.

– O, nie. To zbyteczne! – odrzekł Anatol. – Taki pokrzepiający sen zastąpi mu w zupełności jedzenie. Alojzy bardzo nie lubi, żeby go budzić.

– Zobaczycie, chłopcy, to będzie chluba waszej Akademii, ten śpiący królewicz! – śmiał się Filip, zajadając kurę.

Po kolacji Anastazy zaprowadził Filipa do gabinetu, ja zaś udałem się do sypialni, aby przygotować łóżka dla obu chłopców.

Gdy kończyłem przygotowania, w drzwiach ukazali się Anastazy i Anatol. Anatol niósł na rękach śpiącego Alojzego.

– Bardzo nie lubi, żeby go budzić – wyjaśnił raz jeszcze Anatol. – Dlatego też nie będziemy go wcale rozbierali: niech sobie śpi w ubraniu.

Położyliśmy go więc ostrożnie na łóżku, rozebraliśmy się szybko i usnęliśmy wreszcie po dziwnych wydarzeniach tej nocy.

Nazajutrz zbudziłem się bardzo wcześnie. Przybycie nowych uczniów do Akademii stanowiło sensację niepospolitą. Szturchnąłem Alfreda, który spał w sąsiednim łóżku, i opowiedziałem mu szeptem o Anatolu i Alojzym. Alfred zbudził śpiącego obok Artura, Artur Aleksandra i po chwili w sypialni wrzało jak w ulu.

Ranna pobudka Mateusza zastała wszystkich na nogach.

Chłopcy przyglądali się ciekawie Anatolowi, którego obudziła nasza krzątanina, oraz Alojzemu wyciągniętemu nieruchomo na łóżku.

Nagle drzwi się otworzyły i wszedł pan Kleks.

– Dzień dobry, chłopcy! – zawołał od progu. – Gdzie są wasi nowi koledzy?

Anatol usiadł na łóżku i rzekł uprzejmie:

– Jestem, panie profesorze. Nazywam się Anatol Kukuryk, a to mój młodszy brat.

Wskazał przy tym na Alojzego, który przez cały czas nawet nie drgnął.

Pan Kleks przyjrzał się w milczeniu Anatolowi i podszedł do Alojzego.

Długo stał nad nim zagłębiony w swych myślach, wreszcie nachylił się i krzyknął mu prosto w ucho:

– Nazywasz się Alojzy, prawda?

Alojzy nie drgnął.

– Czy mnie słyszysz, Alojzy? – krzyknął znowu pan Kleks.

Alojzy nie drgnął.

Wówczas pan Kleks podniósł mu powieki i zajrzał w oczy, dłonią potarł mu policzki i czoło, poklepał po rękach.

Ale i to nie zdołało obudzić Alojzego.

– Popatrzcie, chłopcy – zwrócił się do nas pan Kleks. – Alojzy nie jest żywym człowiekiem, tylko lalką. Byłem zawsze przeciwny wprowadzaniu lalek do mojej Akademii. Ale teraz już nic nie poradzę. Alojzy został w nocy podstępnie przemycony. Będę miał z nim mnóstwo kłopotów. Muszę go nauczyć czuć, myśleć i mówić. Spróbuję, może mi się uda. Adasiu, weź sobie do pomocy Alfreda i dwóch Antonich i zanieście Alojzego ostrożnie do szpitala chorych sprzętów. Lekcji żadnych dzisiaj nie będzie, gdyż jestem zajęty. Jeśli nie będzie deszczu, możecie pójść z Mateuszem do parku.

Po tych słowach pan Kleks trochę jak gdyby się przykurczył i wyszedł z pokoju.

Bez chwili zwłoki przy pomocy trzech wyznaczonych kolegów zabrałem się do przenoszenia Alojzego. Jakżeż wielkie jednak było moje zdziwienie, gdy okazało się, że niczyja pomoc nie jest mi potrzebna i że sam jeden z łatwością mogę unieść Alojzego. Był lekki jak piórko. Gdy trzymałem go na rękach, chłopcy otoczyli mnie ze wszystkich stron, pragnąc dokładnie mu się przyjrzeć. Gdyby nie zadziwiająca lekkość i martwota, Alojzy niczym właściwie nie różniłby się od żywego człowieka. Kształt głowy, włosy, wyraz twarzy, układ ust, wilgotna powłoka oczu, zarys czoła, nosa i podbródka, ręce i paznokcie na palcach, wszystko to było tak naturalne, tak łudząco prawdziwe, że mało kto od pierwszego wejrzenia rozpoznałby w Alojzym lalkę.

Nawet masa, z której ulepiona była twarz i ręce, miała elastyczność i ciepło, właściwe tylko i wyłącznie ludzkiemu ciału.

Krótko mówiąc, wykonanie tej wspaniałej, niezwykłej lalki godne było najwyższego podziwu.

Zachwyt nasz nie miał granic, a przy tym pożerała nas ciekawość, czy pan Kleks zdoła Alojzego ożywić i jak ułożą się nasze stosunki z lalką, która stanie się sztucznym człowiekiem.

Anatol wtrącił się wreszcie do naszej rozmowy i bardzo uprzejmie zaczął wyjaśniać nam budowę lalki, którą kochał jak brata. Skorzystałem z tego, wyrwałem się kolegom i pobiegłem z Alojzym do pana Kleksa, który wyczekiwał już niecierpliwie w szpitalu chorych sprzętów.

– Połóż go na tym stole – rzekł do mnie – natychmiast zabierzemy się do roboty.

– A więc mogę tu zostać? – zapytałem nieśmiało.

– Owszem – odparł pan Kleks – potrzebna mi będzie pomoc.

Ponieważ nie jedliśmy jeszcze śniadania, pan Kleks po raz pierwszy poczęstował mnie pigułkami na porost włosów, po czym polecił mi, abym Alojzego rozebrał.

Okazało się, że tylko głowa i dłonie lalki ulepione były z cielesnej masy, wszystkie zaś pozostałe jej części pokrywała cienka warstwa miękkiego metalu o mieniącym się różowym połysku.

Pan Kleks wyjął z kieszeni spodni duży słoik z maścią i rzekł:

– Tą maścią będziesz nacierać Alojzego tak długo, aż pod metalową powierzchnią pojawią się naczynia krwionośne. Musisz uzbroić się w cierpliwość, gdyż nacieranie potrwa bardzo długo. Zacznij od nóg, a ja zajmę się przez ten czas płucami i sercem.

Praca nasza trwała kilka godzin bez przerwy. Pan Kleks odśrubował blachę, która pokrywała klatkę piersiową lalki, i niestrudzenie majstrował w jej wnętrzu. Mnie od nacierania wprost omdlewały ręce, doprowadziłem jednak wreszcie do tego, że pod metalowym naskórkiem Alojzego pomału zaczęły się ukazywać liczne rozgałęzienia cieniutkich żyłek.

– Nogi mają już dosyć – rzekł po pewnym czasie pan Kleks, nie patrząc wcale w moją stronę. – Zajmij się teraz rękami.

Zabrałem się wobec tego do wcierania maści w ramiona i dłonie Alojzego. Właśnie w chwili gdy pojawiły się już na nich naczynia krwionośne, rozległ się dźwięk dzwonka wzywającego na obiad.

Pan Kleks, purpurowy z napięcia i wysiłku, rozprostował plecy, przyśrubował z powrotem blaszaną pokrywę do klatki piersiowej lalki i rzekł do mnie z zadowoleniem:

– Doskonale! Świetnie! Idź teraz na obiad, a ja tymczasem popracuję nad mózgiem tego kawalera.

Z żalem opuściłem szpital chorych sprzętów i udałem się do jadalni. Pierwszy podbiegł do mnie Anatol, a za nim pozostali koledzy i zarzucili mnie tysiącami pytań:

– Czy Alojzy już chodzi?

– Czy mówi?

– Co robi pan Kleks?

– Kiedy zejdzie na dół?

– Co Alojzy ma w głowie?

– Czy Alojzy już myśli?

Opowiedziałem im dokładnie o wszystkim, co działo się w szpitalu chorych sprzętów, a potem szybko zabrałem się do jedzenia, aby co rychlej wrócić do przerwanej pracy.

Gdy byliśmy już przy deserze, drzwi od jadalni otworzyły się nagle.

Dwadzieścia pięć par oczu zwróciło się w ich kierunku.

W drzwiach stał Alojzy podtrzymywany przez pana Kleksa.

Stawiając niezręczne i płochliwe kroki, posuwał się z wolna naprzód, rozglądał się ciekawie dookoła i przesadnie gestykulował lewą ręką.

– Macie go! – zawołał z tryumfem pan Kleks. – Poznajcie się z waszym kolegą.

– Dzień dobry, Alojzy! – odezwał się pierwszy Anatol, olśniony widokiem lalki.

– Dzień do-bry – odrzekł Alojzy, wymawiając z trudem każdą sylabę.

– Powiedz, jak się nazywasz! – krzyknął mu w ucho pan Kleks.

– A-loj-zy Ku-ku-ku… – zaciął się Alojzy, powtarzając monotonnie i bez przerwy pierwszą sylabę swego nazwiska.

Pan Kleks otworzył mu usta, wsunął pod język dwa palce i szybko przykręcił jakąś śrubkę.

– No, spróbuj mówić teraz.

Lalka odetchnęła głęboko i powiedziała już nieco płynniej:

– A-loj-zy Ku-ku-ryk. Nazywam się A-loj-zy Ku-ku-ryk.

– Doskonale – klasnął w dłonie pan Kleks – doskonale! Siadaj teraz do stołu, a wy, chłopcy, dajcie mu coś do zjedzenia.

Alojzy takim samym powolnym, ostrożnym krokiem zbliżył się do stołu, siadł na krześle i rzekł bezdźwięcznym głosem:

– Daj-cie mi jeść.

Jeden z Antonich podsunął mu talerz z makaronem i podał widelec.

Alojzy ujął niezgrabnie widelec w garść i zabrał się do jedzenia. Znaczna część nabieranego makaronu wypadała mu z ust, resztę zaś powoli żuł i z trudem połykał.

– Smaczne – powiedział z bladym uśmiechem, gdy już opróżnił talerz.

Z zadziwiającą szybkością nabierał wprawy w jedzeniu, w ruchach i w mowie.

Po godzinie zaczął układać dłuższe zdania, a pod wieczór wdał się z panem Kleksem w rozmowę o Akademii.

Nazajutrz zaprowadziliśmy go do parku na spacer. Chodził już zupełnie poprawnie i próbował nawet gonić Anatola, ale zaczepił się o własną nogę i upadł.

Jadł coraz staranniej, nauczył się trzymać w dłoniach nóż i widelec, a na trzeci dzień sam się umył, uczesał i ubrał.

Po tygodniu nikt nie byłby już w stanie rozpoznać w Alojzym zwyczajnej lalki, powołanej do życia przez pana Kleksa.

Rozdział X

Historia o księżycowych ludziach

Gdy rano jak zazwyczaj przynieśliśmy panu Kleksowi nasze senne lusterka, pan Kleks rzekł do nas bardzo poważnie:

– Słuchajcie, chłopcy! Jutro punktualnie o jedenastej rano odbędzie się wielka uroczystość w naszej Akademii. Domyślacie się zapewne, o co chodzi. Otóż opowiem wam, co moje prawe oko widziało na księżycu, czyli historię o księżycowych ludziach. Na uroczystość tę zaprosiłem sąsiednie bajki. Powiększyłem trzykrotnie salę szkolną, aby wszyscy mogli się w niej pomieścić. Cały dzisiejszy dzień przeznaczam na przygotowania. Chciałbym, abyście wyglądali schludnie i czysto. Poza tym proszę, abyście zajęli się uporządkowaniem parku i Akademii. Mateusz udzieli wam niezbędnych wskazówek. Ja przez ten czas przygotuję odpowiedni poczęstunek dla gości. Proszę mi nie przeszkadzać i nie wchodzić do kuchni. Czy mogę na was liczyć?

– Tak jest, panie profesorze! – zawołaliśmy chórem.

Niezwłocznie zabraliśmy się do roboty.

Jedni z nas trzepali fotele i dywany, inni zaciągali i froterowali podłogi, myli okna, uprzątali ścieżki, pucowali obuwie, kąpali się, jednym słowem, w Akademii zawrzało jak w ulu.

Mateusz bez przerwy krążył nad nami, zaglądał w najmniejsze szpary, poganiał nas i sprawdzał to, cośmy zrobili.

Zdawało się, że wszystko idzie jak najlepiej i że nic nie jest w stanie zakłócić panującej w Akademii harmonii.

Stało się jednak inaczej.

Na świeżo zafroterowanej posadzce w gabinecie pana Kleksa pojawiła się nie wiadomo skąd kałuża atramentu. Z poduszek, które wietrzyły się na dziedzińcu, zaczęły się nagle unosić tumany pierza. Obsiadło ono dywany, meble i nasze ubrania, tak że ledwo mogliśmy się potem doczyścić. Okazało się, że czyjaś niewidzialna ręka poprzecinała poduszki nożem. Ale to jeszcze nie koniec. W sypialni naszej ni z tego, ni z owego pojawiły się ogromne ilości sadzy. Fruwała po pokoju, opadając na czystą pościel i bieliznę. Gdy jeden z Adamów usiadł na otomanie, rozdarł sobie spodnie, gdyż z otomany sterczały ostre gwoździe.

Krzesła ktoś złośliwie wysmarował klejem. W łazience nie wiadomo kto poodkręcał wszystkie krany i woda zalała nie tylko całą łazienkę, ale i kuchnię, wskutek czego pan Kleks musiał włożyć na nogi głębokie kalosze.

Nie mogliśmy w żaden sposób ustalić, kto tu jest winowajcą. Byliśmy wściekli, że cała nasza praca idzie na marne, i podejrzliwie spoglądaliśmy jeden na drugiego.

Po południu jednak bomba wreszcie pękła.

Artur, wchodząc po schodach na pierwsze piętro, spostrzegł przypadkowo przez uchylone drzwi Alojzego, który nożyczkami przecinał druty elektryczne. Pobiegł więc szybko po mnie i obaj niespodzianie wpadliśmy do pokoju. Alojzy roześmiał się głupio, ale nie przerywał bynajmniej swojego zajęcia.

Wyrwałem mu z rąk nożyczki. Tak go to rozgniewało, że kopnął stojący obok stół i wywrócił go wraz ze wszystkim, co na nim stało.

– Alojzy, opamiętaj się – rzekł Artur.

– Nie chcę się opamiętać! – zawołał Alojzy. – Będę wszystko niszczył, bo tak mi się podoba! To ja wylałem

atrament w gabinecie, to ja podziurawiłem poduszki, to ja napuściłem sadzy do sypialni! I co mi zrobicie? Nic. A jeśli będziecie mi się sprzeciwiali, podpalę całą tę budę i już!

Przerażeni pobiegliśmy do kuchni do pana Kleksa i opowiedzieliśmy mu o łobuzerskich wybrykach Alojzego.

Pan Kleks upuścił na podłogę tort, który trzymał właśnie w rękach, i zasępił się bardzo.

– Przewidziałem, że z tym Alojzym będą nieprzyjemności – rzekł z zakłopotaniem. – Trudno. Dajcie mu, chłopcy, spokój, to nie jest wina jego, lecz mechanizmu. Tak jak nastawia się budzik na pewną godzinę, można również nastawić mechaniczną lalkę na wykonywanie pewnych czynności. Czuję w tym sprawkę Filipa. Ale jestem zupełnie bezsilny. Rozumiecie? Jestem bezsilny.

Przez chwilę panowało milczenie, po czym pan Kleks ciągnął dalej:

– Nie znam mechanizmu Alojzego. Jest to sekret Filipa, który go skonstruował. Dlatego musimy być dla Alojzego wyrozumiali i cierpliwi. W gruncie rzeczy prześcignął was

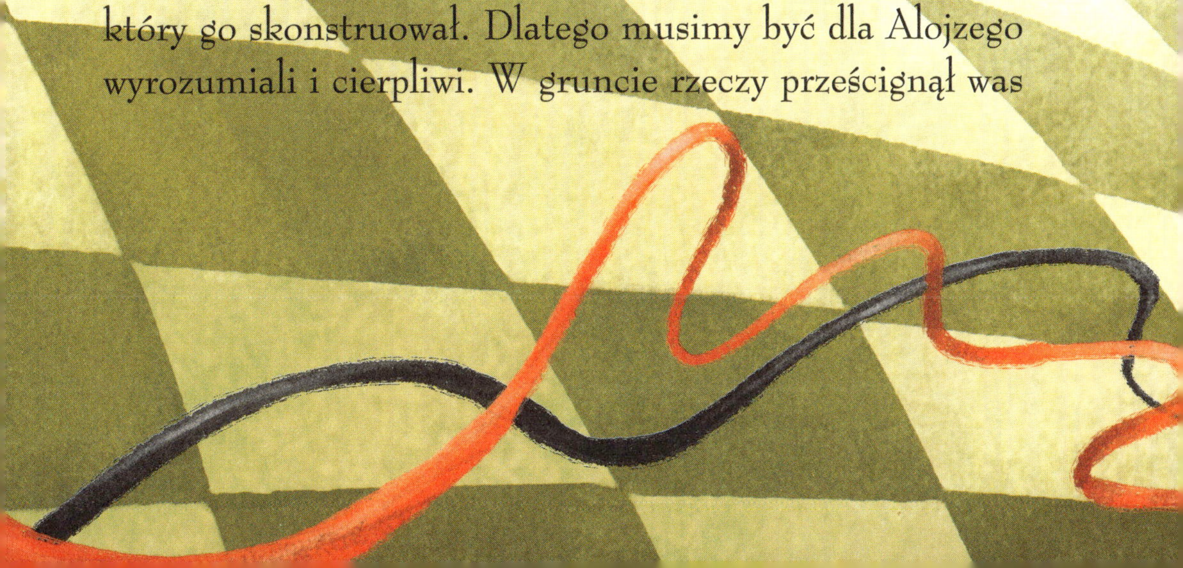

wszystkich. Jest po prostu cudownym tworem. Nauczył się już w Akademii wszystkiego i umie nawet mówić po chińsku. Zdaje mi się, że dosłownie zjadł mój słownik chiński, bo nigdzie go nie mogę znaleźć. Idźcie do swojej pracy. Myślę, że Alojzy sam wreszcie się uspokoi, gdy zobaczy, że nikt nie zwraca na niego uwagi.

Wyszliśmy z kuchni bardzo strapieni. O ile Anatol był miłym chłopcem i dobrym kolegą, o tyle Alojzy od dłuższego już czasu dokuczał nam swymi drwinami i docinkami. Kpił sobie ze wszystkich i ze wszystkiego, odnosił się z lekceważeniem do pana Kleksa, po nocach nie dawał nam spać, a Mateuszowi przy każdej sposobności wyrywał pióra z ogona. Początkowo znosiliśmy cierpliwie jego wybryki, potem jednak zaczęliśmy go unikać, tak że wolny czas musiał spędzać samotnie albo z Anatolem, którego nieustannie dręczył, potrącał i szczypał.

Był antypatycznym, obrzydliwym chłopcem, chociaż istotnie nie można było mu odmówić niezwykłych zdolności, inteligencji i sprytu.

Trzeba go było za wszelką cenę na jakiś czas unieszkodliwić, dlatego też poświęciłem się dla dobra sprawy i zaproponowałem mu, aby poszedł ze mną do parku na szczygły.

Alojzy zgodził się, wobec czego urwaliśmy kilka gałązek ostu na przynętę, przygotowaliśmy pętlicę z końskiego włosia i zastawiliśmy sidła, sami zaś przyczailiśmy się w pobliskich krzakach.

– Nudno mi – rzekł szeptem Alojzy. – Jesteście głupcy, jeśli możecie wytrzymać z tym waszym panem Kleksem. Przy pierwszej sposobności ucieknę stąd i wyjadę do Chin. Właśnie nigdzie indziej, tylko do Chin. Tak sobie postanowiłem.

Nic mu na to nie odpowiedziałem, on zaś snuł dalej swoje zwierzenia:

– Nie prosiłem pana Kleksa, aby uczył mnie myśleć. Mogłem bez tego się obejść. Wiem, że jestem zupełnie niepodobny do was, chociaż na pozór niczym się od was nie różnię. Właściwie nie cierpię was wszystkich, a na pana Kleksa nie mogę patrzyć. Zobaczysz, co ja jeszcze narobię. Długo będziecie mnie pamiętali.

Mówił coraz głośniej, wreszcie jednak uspokoił się, oparł głowę na rękach i po chwili usnął.

Skorzystałem z tego, wypuściłem złapanego szczygła i cicho stąpając na palcach, pobiegłem do Akademii.

Chłopcy kończyli już swoje zajęcia. Pokoje i sale lśniły czystością, aż przyjemnie było spojrzeć.

Zjedliśmy wcześnie kolację i poszliśmy spać.

Alojzego nie było i nikt nawet się o niego nie zatroszczył. Postanowił widocznie spędzić noc w parku, czemu wcale się nie dziwiłem, gdyż wiedziałem, że ciało jego nie odczuwa chłodu.

Nazajutrz wystroiliśmy się od rana i oczekiwaliśmy przybycia bajek. Pan Kleks po raz pierwszy włożył na siebie zamiast zwykłego swego surduta tabaczkowy frak z zielonymi wyłogami i w milczeniu przechadzał się po Akademii. Był cokolwiek mniejszy niż dnia poprzedniego, ale w nowym stroju zmiana ta była ledwie dostrzegalna.

Już o godzinie dziesiątej zaczęli nadchodzić zaproszeni goście. Park zaludnił się mnóstwem najrozmaitszych postaci, jakie dzisiaj można oglądać tylko w teatrze lub w kinie.

Aczkolwiek była to już późna jesień, w parku przygrzewało słońce i klomby oraz kwietniki nagle pozakwitały.

Przed ganek zajeżdżały powozy i złocone karety, w powietrzu latające dywany i skrzynie furkotały jak samoloty. Przeróżne królewny i księżniczki ciągnęły w otoczeniu swoich dworzan i paziów. Gnomy i krasnoludki roiły się na ścieżkach, jak owe żaby po spuszczeniu stawu przez pana Kleksa. Przybywały też zwierzęta znane z niektórych bajek, a więc kot w butach, kura znosząca złote jajka, niedźwiadek Miś, Koziołek Matołek, Kaczka-Dziwaczka,

lis-przechera, czapla i żuraw, a nawet konik polny i mrówka. Rusałka jechała w szklanym powozie napełnionym wodą, a dookoła niej pluskały się złote rybki. Nie brak też było Arabów, Indian i Chińczyków oraz innych najrozmaitszych cudzoziemców z bajek i opowieści różnych ludów.

Pan Kleks witał wszystkich przy wejściu do Akademii, a co najdziwniejsze, każdego znał osobiście.

Muszę również stwierdzić, że najwspanialsi nawet królewicze okazywali panu Kleksowi szczególny szacunek i jego zaproszenie uważali dla siebie za zaszczyt. Widząc to, doznawałem uczucia dumy, że jestem uczniem takiego znakomitego człowieka.

Sala szkolna, po rozszerzeniu jej przez pana Kleksa, stała się tak obszerna, że wszyscy goście pomieścili się w niej z łatwością, a gdyby miało ich być nawet trzy lub cztery razy więcej, na pewno dla nikogo nie zabrakłoby miejsca.

Mnie wraz z pozostałymi chłopcami przypadło w udziale zajmowanie się gośćmi. Roznosiliśmy więc na srebrnych tacach i półmiskach przyrządzone przez pana Kleksa przysmaki. Były tam przeróżne torty i ciastka, czekoladki, kwiaty i owoce w cukrze, pierniki, lody, kremy, winogrona i orzechy, wyśmienite przysmaki wschodnie dla bajek arabskich, napoje gorące i zimne, a nawet kompoty i cukierki z kolorowych szkiełek, z motyli i z pelargonii.

Dla znawców i smakoszów przygotowane były również pigułki na porost włosów, sny w pastylkach oraz zielony płyn.

Żabka Podajłapka usadowiła się za moim uchem i podszeptywała mi, kogo i jak mam obsłużyć, co bardzo ułatwiło mi pracę.

Kiedy wszystkie zaproszone bajki już się zebrały i zajęły miejsca, ustawiliśmy się pod ścianami. Punktualnie o godzinie jedenastej pan Kleks wszedł na katedrę. W swym tabaczkowym fraku, z Mateuszem na ramieniu, z rozwianym włosem i mnóstwem galowych piegów na nosie wyglądał wspaniale.

Salę zaległa cisza.

Pan Kleks odchrząknął i zaczął swoją opowieść:

– Daleko, daleko, za borem, za rzeką, gdzie już nikt nie mieszka, biegnie wąska ścieżka. Ścieżka biegnie w górę przez kosmatą chmurę, przez białe obłoki biegnie w świat wysoki, gdzie w dali podniebnej wisi księżyc srebrny. Moje prawe oko bywało wysoko, wszystko, co widziało, mnie opowiedziało.

Cała powierzchnia księżyca pokryta jest górami z miedzi, srebra i żelaza. Góry poprzecinane są we wszystkich kierunkach długimi, krętymi korytarzami, od których prowadzi niezliczona ilość drzwi do leżących wzdłuż korytarzy pieczar.

Mieszkają w nich księżycowi ludzie, którzy nazywają się Lunnami.

Na powierzchni księżyca panuje wieczysty mróz, dlatego też Lunnowie nigdy nie opuszczają wnętrza gór. Snują się nieustannie po swoich korytarzach, wędrują z piętra na piętro, zapuszczają się w głąb swojej planety, drążą niestrudzenie metalowe ściany i prowadzą pracowite życie mrówek.

Roślinności na księżycu nie ma żadnej, nie ma też żadnych innych żywych istot oprócz Lunnów.

Lunnowie nie posiadają ani ciała, ani kości. Utworzeni są z mglistej miazgi podobnej do obłoków i mogą przybierać najrozmaitsze, dowolne kształty. Miazga ta pokryta jest przezroczystą, elastyczną powłoką, przypominającą żelatynę.

Wszyscy Lunnowie mają naczynia ze szkła, w których spędzają czas wolny od pracy. Każde z tych naczyń posiada odrębny kształt, dzięki czemu Lunnowie mogą wyodrębniać się jedni od drugich.

Mieszkania Lunnów wypełnione są dziwacznymi sprzętami z żelaza i miedzi. Są to przeróżne krążki, płytki, talerze, misy, poustawiane na trójnogach lub pozawieszane na ścianach.

Światła Lunnowie nie posiadają, natomiast sami promieniują w miarę potrzeby. Żywią się zielonymi kulkami, które wyrabiają z miedzi. Wydają dźwięki podobne do uderzeń srebrnych dzwonków i doskonale w ten sposób porozumiewają się między sobą.

Lunnowie poruszają się podobnie jak obłoki, to znaczy – płynąc. Do pracy nie używają żadnych narzędzi i we wszystkim, co robią, posługują się różnymi promieniami, które z siebie wydzielają.

Tacy są księżycowi ludzie zwani Lunnami.

Na południowej półkuli księżyca, w Wielkiej Srebrnej Górze, mieszka władca Lunnów, potężny i groźny król Niesfor. On jeden tylko osiągnął taki stopień doskonałości, że utracił swą przezroczystość i ukształtował swe płynne ciało bez potrzeby uciekania się do szklanego naczynia. Król Niesfor podobny jest do człowieka ziemskiego, ma nawet ręce i nogi, brak mu tylko twarzy, dlatego też głowa jego ma formę gładkiej kuli.

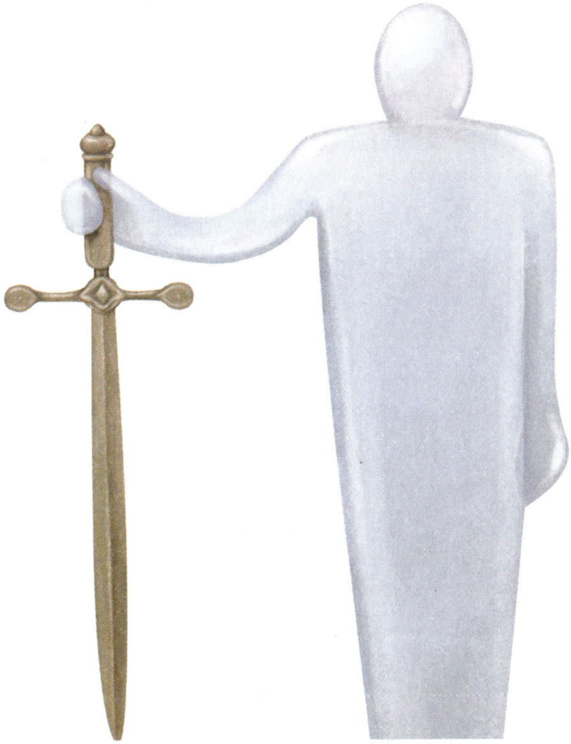

Król Niesfor nigdy nie wypuszcza z dłoni wąskiego, długiego miecza. Gdy który z Lunnów narazi się na jego gniew, przekłuwa go ostrzem swej klingi.

Wtedy z żelatynowej powłoki wypływa promienista miazga i ulatnia się w jednej chwili. Powłokę przekłutego Lunna król Niesfor zabiera do swego srebrnego pałacu i chowa do żelaznej skrzyni.

Pewnego dnia król Niesfor przełamał obyczaje swojego ludu i wyszedł na powierzchnię Srebrnej Góry. Wtedy właśnie stała się rzecz, której nikt nie był w stanie przewidzieć... – w tym miejscu pan Kleks przerwał i uważnie czegoś nasłuchiwał.

Po chwili zaczął zdradzać zaniepokojenie, które wyraźnie udzieliło się wszystkim obecnym. Z parku dolatywały krzyki, trzask łamanych gałęzi, brzęk tłuczonych szyb. Widocznie zaszło coś szczególnego.

Zgiełk przybliżał się coraz bardziej, aż nagle drzwi do sali rozwarły się z łoskotem i w progu stanął Alojzy.

Był rozczochrany, brudny, ubranie miał pomięte. W dłoni trzymał sękaty kij.

Na twarzy jego malowała się wściekłość.

– A cóż to znaczy, panie Kleks?! – zawołał głosem, który zamroził i przeraził wszystkich. – Zachciało się wam urządzać zabawy beze mnie! Co? Mnie się zostawiło szczygłom na pożarcie, a tu przez ten czas opowiada się bajeczki! Czego się gapicie na mnie, wy wszyscy? Fora ze dwora! Wynosić się stąd, pókim dobry!

Przy tych słowach zaczął wymachiwać kijem nad głowami wystraszonych gości.

Pan Kleks zaniemówił, spoglądał przed siebie szklanym wzrokiem i nerwowo szarpał brwi.

Alojzy bez żadnych przeszkód buszował po sali, wreszcie zbliżył się do stołu zastawionego przysmakami pana Kleksa i z całych sił uderzył w stół kijem. Rozległ się trzask, odłamki porcelany i szkła posypały się we wszystkie strony, a kremy i napoje ochlapały najbliżej siedzących gości.

Anatol usiłował obezwładnić Alojzego, ale jednym pchnięciem pięści został obalony na podłogę.

Powstał popłoch nie do opisania.

Jedna królewna i dwie małe księżniczki zemdlały, pozostali zaś goście pozrywali się z miejsc i zaczęli uciekać drzwiami i oknami.

Pan Kleks stał nieruchomo jak słup soli, skurczył się tylko nieco i ze smutkiem spoglądał na Alojzego.

– Hej! Panie, panowie! – krzyczał Alojzy – może byście się tak trochę pospieszyli? Zmykaj, Kaczko-Dziwaczko, bo cię zjem na obiad! Uciekaj, mrówko, bo cię rozdepczę! Teraz ja się bawię, cha-cha-cha!

Z ciżby tłoczących się do drzwi gości wysunęła się nagle piękna blada pani o dumnej postawie. Podeszła do Alojzego i rzekła doń stanowczym tonem:

– Jestem Wieszczką Lalek. Żądam od ciebie, abyś natychmiast opuścił salę!

Ale Alojzy nie był już zwykłą lalką i dlatego Wieszczka nie miała nad nim żadnej władzy. Roześmiał się jej szyderczo w twarz, odwrócił się do niej plecami i rozpychając się brutalnie, zawołał:

– To jeszcze nie koniec, panie Kleks! Odechce się panu pańskich bajeczek! Z pańskiej Akademii zostaną trociny. Rozumie pan? Tro-ci-ny!

Alfred, nie mogąc znieść tej sceny, rozpłakał się.

Inni chłopcy stali przerażeni i spoglądali na pana Kleksa. Ja dygotałem wprost z oburzenia i uczucia przykrości.

Sala stopniowo opróżniała się, aż wreszcie opustoszała całkiem.

Z parku dolatywał turkot odjeżdżających powozów i karet. Zemdloną królewnę wynieśli jej paziowie na rękach.

Zostaliśmy sami z panem Kleksem, znieruchomiałym i zapatrzonym przed siebie.

Tymczasem sala zmniejszyła się i powróciła do zwykłych swoich rozmiarów, niebo zachmurzyło się i znowu zaczął padać drobny jesienny deszcz.

Alojzy z miną pełną zadowolenia rozsiadł się w fotelu na wprost pana Kleksa i wyzywająco gwizdał.

Wreszcie pan Kleks się ocknął. Rozejrzał się po pustej sali, popatrzył na nas, stojących pod ścianami, potem na Alojzego i rzekł spokojnie, jak gdyby nigdy nic:

– Szkoda, chłopcy, że nie mogłem opowiedzieć do końca historii o księżycowych ludziach. Będę musiał odłożyć to do innej książki! Trudno. Zdaje się, że czas już na obiad. Prawda, Mateuszu?

– Awda, awda! – zawołał Mateusz i pofrunął w kierunku jadalni.

Nie zwracając uwagi na Alojzego, pan Kleks przeszedł obok niego, uniósł się w powietrze i popłynął w ślad za Mateuszem, przytrzymując rękami rozwiewające się poły swego tabaczkowego fraka.

Taki to był wspaniały człowiek!

ROZDZIAŁ XI

Sekrety pana Kleksa

Kiedy przed pół rokiem zacząłem pisać ten pamiętnik, wcale nie przypuszczałem, że zajmie on tyle miejsca i że będę miał do opisania tak wiele rozmaitych, przedziwnych wydarzeń.

Ostatnio zaś wypadki potoczyły się tak szybko, że trudno mi wprost uporządkować je w pamięci.

Najważniejsze jest to, że z panem Kleksem od pewnego czasu zaczęły się dziać rzeczy całkiem niezrozumiałe.

Przede wszystkim więc zauważyliśmy wszyscy, że coś popsuło się w jego powiększającej pompce. Jak już wspomniałem przedtem, odbiło się to w sposób widoczny na jego wzroście: pan Kleks z każdym dniem stawał się odrobinę mniejszy i nigdy już nie mógł osiągnąć wzrostu z dnia poprzedniego. Wprawiało go to w stan zdenerwowania, coraz bardziej był roztargniony i zamyślał się w chwilach najmniej stosownych. Któregoś dnia zamyślił się, wjeżdżając po poręczy do góry, i przez parę godzin siedział na niej okrakiem pomiędzy dwoma piętrami. Innym razem, frując nad stołem z polewaczką w ręce, zapomniał, że jest w powietrzu, i zadumał się tak głęboko, że spadł na półmisek z pieczenią baranią, czego wcale nie zauważył.

Od pewnego czasu ubytek wzrostu pana Kleksa stał się wprost zatrważający. Alfred, który był najmniejszy spośród nas, przewyższał go niemal o głowę.

– Zobaczycie, że jeśli tak dalej pójdzie, za miesiąc w ogóle nie będzie już pana Kleksa – drwił sobie na głos Alojzy.

Muszę zaznaczyć, że to, co Alojzy wyprawiał w Akademii, przechodziło wszelkie wyobrażenie. Po awanturze z bajkami nikt już nie mógł sobie z nim poradzić, a pan Kleks puszczał mu płazem wszystkie wybryki.

Alojzy wstawał, kiedy chciał, opuszczał wykłady, na sennych lusterkach malował karykatury pana Kleksa, bez pytania wchodził do kuchni i wrzucał do garnków żaby i pająki, podziurawił igłą baloniki pana Kleksa i wszystkim nam nieustannie dokuczał. Nienawidziliśmy go i doznawaliśmy uczucia ulgi, gdy Alojzy zasypiał albo wychodził do parku.

Pan Kleks na wszystko mu pozwalał, tak jak gdyby go się bał. Mało tego – w miarę jak wzrastało zuchwalstwo Alojzego, słabła władza i powaga pana Kleksa. Coraz częściej zaniedbywał kuchnię i zapominał o naszych obiadach, nie dbał zupełnie o swoje piegi, a nawet przestał zażywać pigułki na porost włosów, wskutek czego całkiem niemal wyłysiał i stracił zarost na twarzy.

Ale dziwna przemiana dotknęła nie tylko samego Kleksa. Również gmach Akademii skurczył się nieco, pokoje zrobiły się niższe, meble i sprzęty zmniejszyły się, łóżka stały się krótsze. Park, który dotąd przypominał rozległą puszczę, zmalał i przerzedził się, a potężne dęby i buki przeistoczyły się w małe i niepozorne drzewa.

Przemiana ta odbywała się oczywiście stopniowo i bardzo powolnie, jednak po miesiącu stała się już tak widoczna, że wszyscy odczuwaliśmy smutek i lęk.

Jeden tylko Alojzy nie tracił animuszu, śpiewał na cały głos, gwizdał, trzaskał drzwiami, wybijał kamieniami kolorowe szyby, drażnił Mateusza i chwilami stawał się nie do zniesienia.

Pan Kleks przyglądał mu się w milczeniu, drapał się z zakłopotaniem w łysinę i co pewien czas usypiał, zapominając nieraz po przebudzeniu napić się zielonego płynu.

Zrozumieliśmy, że zbliża się koniec naszej Akademii.

W Wigilię Bożego Narodzenia pan Kleks zebrał nas wszystkich w sali szkolnej i rzekł do nas ze smutkiem w głosie:

– Drodzy moi chłopcy, nie mogliście nie zauważyć tego, co dzieje się dookoła was. Widzicie, jak od pewnego czasu zmalałem. Mówiąc do was, muszę stać, ażebyście mnie mogli widzieć zza katedry. Wszystko, co was otacza, zmniejsza się i maleje. Rozumiecie chyba sami, jaka jest tego przyczyna. Ot, po prostu i zwyczajnie bajka o mojej Akademii dobiega końca. Bądźcie przygotowani na to, że Akademia ta w ogóle przestanie istnieć, a i ze mnie prawie nic nie pozostanie. Przykro mi będzie rozstać się z wami. Spędziliśmy wspólnie cały rok, było nam wesoło i przyjemnie, ale przecież wszystko musi mieć swój koniec.

– A co z nami się stanie, panie profesorze? – zawołał Anastazy, tłumiąc płacz.

Pan Kleks spojrzał nań z rozczuleniem i rzekł:

– Mój Anastazy, każdy z was ma swój dom, do którego wróci. W każdym razie pamiętaj o jednym: dziś o północy obowiązkowo otwórz bramę, po czym klucz wrzuć do stawu. Znajdziesz przy brzegu przeręblę, którą specjalnie w tym celu wyrąbałem w lodzie. Na tym zakończy się właśnie bajka o Akademii pana Kleksa.

Wszystkim nam zrobiło się niezmiernie smutno. Otoczyliśmy pana Kleksa i całowaliśmy go po rękach, które stały się już tak małe, jak ręce dziecka.

Pan Kleks obejmował nas serdecznie, potrząsał swoją łysą główką i nieznacznie ocierał łzy z oczu.

Była to bardzo wzruszająca scena, którą przez całe życie zachowam w pamięci.

Tymczasem nadszedł wieczór. Za oknami padał śnieg i pełno płatków śnieżnych migotało na szybach.

Pan Kleks otworzył lufcik, spojrzał w niebo i rzekł do nas z łagodnym uśmiechem:

– No, dosyć, chłopcy, przestańcie się rozrzewniać! Przygotowałem dla was niespodziankę wigilijną, chodźcie ze mną na górę.

Pan Kleks lekko jak piórko wśliznął się po poręczy, my zaś podążyliśmy za nim, przeskakując po kilka schodków naraz. Gdy zebraliśmy się już wszyscy na drugim piętrze, pan Kleks wyjął pęk kluczy i otworzył nimi drzwi od pokojów, które dotąd stale były pozamykane. Mrok jednak zapadł tak szybko, że nic nie mogliśmy w ciemnościach rozpoznać.

Pan Kleks wyjął tajemniczo z ogniotrwałej kieszonki płomyk świecy i wszedł do jednego z pokojów.

Po chwili pojawiły się w głębi światełka i niebawem rozlała się dookoła niezwykła jasność. Byliśmy olśnieni. Pośrodku ogromnej sali stała wspaniała choinka, rozświetlona setkami płonących świeczek i przepysznie ubrana ślicznymi zabawkami, łańcuchami, złotymi i srebrnymi nićmi, płatkami szklanego śniegu i mnóstwem najrozmaitszych ozdób. Choinkę otaczały pięknie nakryte stoły, uginające się pod ciężarem półmisków, salaterek i waz.

W uroczystym nastroju zasiedliśmy do wieczerzy.

Rozglądając się wkoło, spostrzegłem, że byliśmy w tej samej sali, w której poprzednio mieścił się szpital chorych sprzętów. Rozpoznałem też większość otaczających mnie mebli. Były to stoły, krzesła, stoliki, zegary, które jeszcze niedawno przypominały stare rupiecie, teraz zaś, wyleczone przez pana Kleksa, lśniły, połyskiwały świeżutką politurą i wyglądały jak nowe.

Pan Kleks wbrew dotychczasowym zwyczajom siedział wśród nas i zajadał z apetytem przeróżne gatunki ryb piętrzących się na półmiskach.

Po wieczerzy zebraliśmy się wszyscy dookoła choinki, gdyż pan Kleks przygotował dla nas gwiazdkowe podarunki, które nam rozdawał niczym Święty Mikołaj.

Gdy przyszła kolej na Alojzego, okazało się, że nie ma go pośród nas, i nagle stwierdziliśmy, że nie było go również podczas wieczerzy.

Pan Kleks zaniepokoił się bardzo.

– Gdzież jest Alojzy? Co się z nim stało? Mateuszu, leć czym prędzej i szukaj Alojzego.

Anatol przerażony zerwał się z krzesła.

– Panie profesorze – zawołał – ja wiem, gdzie on jest! Prosiłem go i błagałem, żeby tego nie robił. Nie chciał mnie usłuchać.

Pan Kleks podbiegł do Anatola i, blady jak płótno, wpił się palcami w jego ramię:

– Mów! Mów! Gdzie jest Alojzy?!

– Alojzy jest w sekretach pana profesora – wyszeptał Anatol drżącym głosem i bez sił opadł na krzesło.

Spojrzałem odruchowo na sufit. Z góry wyraźnie dobiegały odgłosy czyichś kroków.

Pan Kleks jednym susem znalazł się przy oknie, otworzył lufcik i wypłynął na zewnątrz.

Zrozumieliśmy, że stała się rzecz straszna. Żaden z nas nie ośmieliłby się nigdy wedrzeć do sekretów pana Kleksa. Wiedzieliśmy, że za coś podobnego groziło, poza innymi karami, wypędzenie z Akademii. Zresztą zbyt szanowaliśmy pana Kleksa, aby którykolwiek z nas odważył się przekroczyć jego surowy zakaz. Na to mógł sobie pozwolić tylko Alojzy, ta znienawidzona przez wszystkich, zuchwała, zarozumiała i przemądrzała lalka.

W ogromnym napięciu oczekiwaliśmy dalszego rozwoju wypadków.

Gdy tak trwaliśmy pełni niepokoju, rozmawiając szeptem między sobą, nagle drzwi otworzyły się i do sali wpadł Alojzy, cały wysmarowany sadzą, niosąc w dłoniach niewielką hebanową szkatułkę.

– Mam sekrety pana Kleksa! – zawołał zdyszany. – Zaraz je obejrzymy! Patrzcie, oto są te sekrety, cha-cha-cha!

Z tymi słowy postawił szkatułkę na stole, otworzył ją wytrychem i wysypał z niej kilkanaście porcelanowych tabliczek, zapisanych drobnym chińskim pismem.

Nie rozumieliśmy, co to znaczy. Nikt z nas nie znał chińskiego. Byliśmy oszołomieni niezwykłym wyglądem Alojzego i jego zuchwalstwem.

– Ja jeden tu czytam po chińsku! – wołał Alojzy. – Ja jeden potrafię odkryć sekrety pana Kleksa. Dowiemy się wreszcie, kim jest ten napuszony dziwak! Cha-cha-cha!

Naraz w otworze lufcika ukazała się blada, wykrzywiona twarz pana Kleksa. Kiedy wpłynął do sali, był o połowę mniejszy niż przedtem. Miał po prostu wzrost pięcioletniego chłopca.

Alojzy, widząc, że nie zdąży odczytać tajemniczych chińskich tabliczek, zmiótł je jednym zamachem ręki ze stołu na podłogę i począł je deptać z całych sił obcasami, aż potłukł je i starł na drobny proszek.

Nikt nie zdążył mu przeszkodzić w tym dziele zniszczenia.

– Zniszczyłeś moje sekrety, Alojzy – rzekł pan Kleks głosem spokojnym, lecz surowym. – Wobec tego ja zniszczę ciebie. Jesteś dziełem moich rąk i z rąk moich teraz zginiesz.

Po tych słowach włożył do ucha powiększającą pompkę, nacisnął ją parokrotnie, połknął kilka pigułek na porost włosów i po chwili stał się dawnym, wspaniałym panem Kleksem.

Brawura i zuchwalstwo Alojzego znikły bez śladu.

Pan Kleks wyjął z jednej z szaf dużą skórzaną walizkę, otworzył ją i postawił na stole. Następnie zbliżył się do Alojzego i nie mówiąc ani słowa, posadził go na stole obok walizki. Przygotowaniom tym przypatrywaliśmy się z zapartym tchem. Po chwili pan Kleks objął dłonią prawe

ramię Alojzego, odśrubował je i bezwładną zupełnie rękę włożył do walizki. W podobny sposób odkręcił również drugą rękę oraz nogi i wrzucił na dno walizki. Na stole pozostał jedynie kadłub z głową.

Alojzy milczał, śledząc z przerażeniem czynności pana Kleksa.

Pan Kleks ujął go tymczasem oburącz za głowę i pokręcił nią w lewą stronę. Śruba lekko ustąpiła i niebawem głowa Alojzego została oddzielona od tułowia. Wówczas pan Kleks odśrubował ciemię i wysypał z głowy całą jej zawartość. Były tam litery, płytki dźwiękowe, szklane rurki oraz mnóstwo kółek i sprężynek.

Wreszcie pan Kleks rozebrał na części tułów Alojzego, części te ułożył wraz z głową w walizce i walizkę zamknął.

Wszyscy odetchnęliśmy z ulgą: Alojzy – ta niegodziwa karykatura człowieka – przestał istnieć.

Jeden tylko Anatol miał łzy w oczach.

– Mój Boże – szeptał – mój Boże, co teraz powiem Filipowi? Przecież kazał mi pilnować i strzec Alojzego. Taka piękna lalka… Taka piękna!

Tymczasem pan Kleks na nowo skurczył się i zmalał. Zwrócił do nas swoją twarzyczkę dziecka i rzekł:

– Nie przejmujcie się, chłopcy, tym wszystkim. Domyślałem się, że takie właśnie będzie zakończenie naszej bajki. Niebawem będzie już po wszystkim. Alojzy wykradł mi moje sekrety. Na tych porcelanowych tabliczkach, które podeptał i potłukł, wypisana była cała wiedza, którą przekazał mi doktor Paj-Chi-Wo. Skończyło się odtąd gotowanie kolorowych szkiełek, unoszenie się w powietrzu, odgadywanie waszych myśli, powiększanie przedmiotów, leczenie chorych sprzętów. Utraciłem wszystkie moje umiejętności, z których słynąłem w sąsiednich bajkach i które wsławiły mnie i moją Akademię. Zamiast jednak martwić się, zaśpiewajmy sobie lepiej kolędę. Zgoda?

Zanim pan Kleks zdążył zaintonować pieśń, otworzyły się drzwi i wszedł fryzjer Filip. Czapkę i futro miał pokryte śniegiem. Był czerwony od mrozu i wściekłości.

– Czemuż to nie otwieracie bramy? – wołał, trzęsąc się z gniewu. – Musiałem przełazić przez mur, żeby się do was dostać. Durnie! Dosyć mam tej całej waszej Akademii! Anatolu, zabieram cię do domu. Gdzie Alojzy?

Anatol nieśmiało zbliżył się do Filipa.

– Alojzy... Alojzy... tam... w tej walizce – wybełkotał z przerażeniem w głosie.

Filip podbiegł do walizki, otworzył ją, spojrzał i zachwiał się na widok zepsutej lalki.

– A więc tak, panie Kleks! – syknął przez zęby. – Tak pan dotrzymał naszej umowy? Dwadzieścia lat pracowałem nad moją lalką, znosiłem panu piegi i kolorowe szkiełka, oddałem panu cały mój majątek, aby mógł pan stworzyć tę głupią Akademię. Miał pan za to z Alojzego zrobić człowieka. I co pan zrobił? Zmarnował pan cały trud, cały wysiłek mojego życia! Nie ujdzie to panu płazem, nie, panie Kleks. Ja panu pokażę, co potrafi Filip, kiedy chce się zemścić. Ja panu pokażę!

Po tych słowach wyjął z bocznej kieszeni długą brzytwę, otworzył ją i zbliżył się do choinki.

Pan Kleks obserwował go w milczeniu i stał się tylko jeszcze mniejszy, aniżeli był przedtem.

Filip, niepowstrzymywany przez nikogo, zabrał się do roboty. Ostrzem brzytwy obcinał po kolei wszystkie płomyki świec jarzących się na choince i chował je do kieszeni futra.

W miarę znikania płomyków w sali poczęło się ściemniać, aż wreszcie zapadł zupełny mrok. Co się działo dalej, nie wiem. Ogarnięty trwogą wybiegłem na schody i nie wiedząc nawet kiedy i jak, znalazłem się na dziedzińcu.

Była piękna, mroźna noc grudniowa. Śnieg przestał padać i w świetle księżyca iskrzyła się jego biel.

Cała Akademia, jej mury i park widoczne były jak na dłoni.

Mignęła mi przed oczami postać Anastazego, a po chwili usłyszałem zgrzyt zamka. Anastazy otworzył bramę i jak przez sen zobaczyłem przesuwające się przede mną wydłużone cienie moich kolegów.

Chciałem krzyknąć: „Do widzenia, chłopcy!", ale głos zamarł mi w krtani.

Rozdział XII

Pożegnanie z bajką

Księżyc raził mnie w oczy i oblewał swoim tajemniczym blaskiem. Usiadłem na ławce, gdyż poczułem nagle okropne znużenie. Całym wysiłkiem woli panowałem nad sobą, aby nie usnąć.

W tej samej jednak chwili uderzyła mnie rzecz niezwykła: gmach Akademii nie był już dawnym wspaniałym gmachem. Nie spostrzegłem zupełnie, że zmniejszył się o połowę i nadal kurczył się w moich oczach. To samo stało się z parkiem i z otaczającym go murem.

Szumiało mi w uszach, a przed oczami fruwały czerwone płatki.

Gmach Akademii zmniejszał się bez przerwy.

Gdy był już wielkości zwyczajnej szafy, z drzwi jego wyszła jakaś maleńka postać, która zbliżyła się do mnie. Był to pan Kleks. Taki sam pan Kleks, jakim widziałem go niegdyś w szklance.

Tymczasem niebo nade mną się obniżyło i księżyc wisiał na nim jak lampa na suficie. Mur otaczający Akademię przybliżył się i wyraźnie rozróżniałem w nim furtki prowadzące do sąsiednich bajek.

Czas upływał i wszystko dokoła mnie kurczyło się coraz bardziej. Powieki mi się kleiły i ogarnęła mnie taka senność, że niepostrzeżenie usnąłem.

Gdy po chwili otworzyłem oczy, przeobrażenie otaczających mnie przedmiotów dobiegało końca.

Znajdowałem się w pokoju oświetlonym z góry dużą kulistą lampą. Gmach Akademii przemienił się w klatkę, w której siedział zamyślony Mateusz. W miejscu, gdzie przypadał park, leżał piękny zielony dywan, haftowany w drzewa, krzaki i kwiaty. Tam, gdzie był mur, stała biblioteka, a furtki w murze zamieniły się w grzbiety książek, na których wyciśnięte były złotymi literami ich tytuły. Znajdowały się tam wszystkie bajki pana Andersena i braci Grimm, bajka o dziadku do orzechów, o rybaku i rybaczce, o wilku, który udawał żebraka, o krasnoludkach i sierotce Marysi, o Kaczce-Dziwaczce i wiele, wiele innych.

Siedziałem na tapczanie, a u mych stóp na podłodze stał pan Kleks. Był już nie większy niż mój mały palec. Rąk i nóg jego nie mogłem zupełnie rozróżnić i właściwie jedynie łysa główka jaśniała w świetle lampy.

Ująłem go delikatnie w dwa palce i postawiłem na swojej dłoni. Ledwie dosłyszalnym głosem pan Kleks rzekł do mnie:

– Bądź zdrów, Adasiu, musimy się pożegnać. Jesteś miłym i dzielnym chłopcem. Życzę ci powodzenia w życiu. Kto wie, może spotkamy się jeszcze w jakiejś innej bajce.

Po tych słowach pan Kleks stał się znów o połowę mniejszy. Był wielkości śliwki, a potem – potem już tylko wielkości orzecha laskowego.

I nagle zaszła rzecz najmniej oczekiwana.

Przedmiot wielkości orzecha laskowego przestał być panem Kleksem a stał się guzikiem. Po prostu zwyczajnym guzikiem, który połyskiwał bladoróżową powierzchnią.

Mateusz, zdawało się, czekał tylko na ten moment.

Wyfrunął z klatki, usiadł mi na ramieniu, potem zeskoczył na moją dłoń, porwał w dziób guzik i sfrunął z nim na podłogę.

Czyż nie domyśliliście się jeszcze, że był to guzik od cudownej czapki bogdychanów, cudowny guzik doktora Paj-Chi-Wo, mający przywrócić Mateuszowi jego książęcą postać? Czyż nie przyszło wam dotychczas na myśl, że pan Kleks był owym guzikiem, który doktor Paj-Chi-Wo przeobraził w człowieka?

Jeżeli chodzi o mnie, uprzytomniłem sobie to dopiero wówczas, gdy dostrzegłem stopniowe przemiany Mateusza. Począł on mianowicie pęcznieć i powiększać się. Skrzydła jęły pomału przybierać kształt ludzkich ramion, nogi wydłużyły się, na miejscu dzioba zaznaczyły się zarysy twarzy.

Przybierając coraz bardziej na wzroście, Mateusz już po kilku minutach stał się większy ode mnie. Zanim zdążyłem zdać sobie sprawę z zachodzących w mych oczach wydarzeń, ujrzałem przed sobą wytwornego pana w wieku lat czterdziestu, o włosach przyprószonych lekką siwizną.

Skłoniłem się przed nim nisko i rzekłem:

– Cieszę się, że mogę powitać Waszą Książęcą Mość. Sądzę, że Wasza Książęca Mość zasiądzie niebawem na tronie swojego ojca.

Przemówienie moje nie bardzo było udane, ale przecież nie miałem nawet czasu, aby je sobie obmyślić i przygotować. Mateusz, przeobrażony w człowieka, wysłuchał mych słów z powagą, a potem nagle roześmiał się serdecznie, pogłaskał mnie po twarzy i rzekł:

– Kochany chłopcze! Nie jestem żadnym księciem. Po prostu opowiedziałem ci bajkę, a tyś uwierzył w jej prawdziwość. Historia o królu wilków była przeze mnie zmyślona.

– No, a książę? A doktor Paj-Chi-Wo? – zapytałem zdziwiony.

– Bajka zawsze jest tylko bajką, mój chłopcze – odrzekł z uśmiechem.

– Kim więc jesteś, Mateuszu? Co to wszystko ma znaczyć?! – zawołałem, gubiąc się już zupełnie.

– Jestem autorem historii o panu Kleksie – odparł szpakowaty pan. – Napisałem tę opowieść, gdyż ogromnie lubię opowieści fantastyczne i pisząc je, sam bawię się znakomicie.

Z tymi słowy wziął ze stołu otwartą książkę, która tam leżała, zamknął ją i wstawił do biblioteki obok innych bajek.

Na grzbiecie tej książki widniał napis:

AKADEMIA PANA KLEKSA